是誰偷走你的房子？

推薦序

林左裕　政治大學地政系教授

不動產是總價極為龐大的資產，住宅也通常是個人或家庭所購置最為重要且支付金額最多的資產標的，由於多數人或家庭僅在一生中擁有一戶房產，因此在搜尋或購買過程中通常是第一次的經驗；而在換屋或投資時，也需處理掉原來的房子，也會是第一次面臨銷售的經驗，此時房仲或代書等代理人所提供的資訊或服務是否真實可靠，對於購屋及售屋者就十分重要。

在買房的過程中，對於「時機」（timing）的認知或預期就十分重要，除了經濟實質成長帶動所得上升的支撐外，我們也應關注政府是否會祭出「量化寬鬆」（Quantitative Easing, QE）的政策來拉抬經濟成長，因為此時我們可就印鈔票的規模及降息的幅度預期未來房市上漲的趨勢。而媒體所報導的新聞內容中，有可能是「製造」出來的假象，藉由「選擇性」的資訊期以誘導買方進入市場，引發出購屋的

「羊群效應」（herd effect）。如何在眾多資訊中篩選出真實且符合自己的需求，而不被資訊洪流所淹沒甚至誤導，多方涉獵及比較資訊的來源，應可提高決策的正確性。

筆者曾看過一種房子，天花板下有一大盤子，連接著小排水管流到室外或廁所。這種物件相信多數人會第一次看到，而房仲人員帶看的目的就是要成交，對此裝置的說明很可能是「溼氣重排水用的」，但內行人一看就知道這是樓上地板龜裂，上方可能是樓上的衛浴室，只要樓上使用就會滲水下來，由於整修須從樓上的地板做防水處理，但可能因「喬不攏」才在自家的天花板做集水盤。因原屋主不堪居住品質的低落才想要出售，而仲介對不知情的買方則不一定會說實話。這種屋況的房子買下來後，我們住進去也不是，要出售好像又要欺瞞下一手，真是令人進退維谷啊！

本書作者在媒體圈已服務了三十年，在其媒體職涯中可謂「閱人」及「看屋」無數，也看過相當多的交易糾紛或不實的情事，今他花了相當多的精神及時間整理這三十年來的經驗給讀者參考，可謂是讀者的福氣。由於「他山之石，可以攻錯」，讀者在買房或賣房前若能先參考本書，了解房屋交易可能有哪些陷阱或不實的資訊，將能減少損失的發生及處理問題後續的精神及時間成本。也因為本書內容對未來廣大的購屋及售屋者有所助益，減少社會無謂的成本，筆者十分樂意將本書推薦給大家。

林左裕

推薦序

陳智義　消費者保護律師、
當代聯合律師事務所律師

拜讀楊欽亮君大作，「是誰偷走你的房子？」一書後，衷心覺得這本書應該要大力推薦給大家。

個人執業多年的律師生涯中，承辦相當比例的訴訟案件與不動產有關，其中不乏買賣糾紛，買方、賣方與仲介公司的爭執，本書以具體的個案加上作者熟悉仲介公司不法不當的手段，深入淺出的描述在著作中詳細說明，如同自己就是案件當事人般的身歷其境，真正的提供現在、將來有意買屋、賣屋的消費者相當的借鏡。

尤其作者全方位的從買方、賣方在委託仲介公司買房、銷售房屋時與仲介公司交易應注意的事項鉅細靡遺的說明，更實務的引用具體受害案例，說明不法的仲介公司的操作手段，確實可以讓閱讀本書的潛在消費者有所警惕與預防。作者在提醒委託仲介公司銷售斡旋的賣方、買方應注意的事項外，不忘提醒仲介公司業者及從事業務人員，正當的仲介公司所扮演的角色及仲介業的法律規範，謹守誠實無欺分際是取得消費者暨社會大眾信賴的不二法門。

本書大篇幅教導消費者在與仲介公司來往的過程應注意小心的事項外，對於如何運用尚美中不足的實價登錄資料時，一再引用具體案例提醒消費者再三確認資料之正確性以免被低賣高買，並結合血淋淋的前車案例說明詳盡，非常具有可看性。

台灣房價高居不下，大部分民眾購屋能力有限的經濟現況下，若再因無經驗或經驗不足而遭誆騙，豈不更可憐，個人相信欲入房市前能先將此書詳閱作為教戰守則，將受益無窮，趨吉避凶，尤其筆者亦教導民眾在購屋時應眼見為憑，如何評價房屋品質其經驗難能可貴，個人閱讀大作之際亦獲益良多，故以此推薦序以饗讀者。

自序

瘟疫蔓延時，我們也許都在無止境的恐慌裡做過悲觀的算計，比如說，工作保得住嗎？存款留得住嗎？然而你我皆凡人，世界運轉、經濟溫差與瘟疫去留，怎麼也算不準，唯一能做的，就是讓自己擁有更強大的應變能力。

在面對買賣房地產這件事的時候，你更應該武裝自己。

隨著房地合一稅與實價登錄制度上路，價稅合理、資訊透明不再是以往空中樓閣一樣的幻影，但是業者為刀俎，購屋消費者為魚肉的情況並未翻轉，連實價登錄都可以造假，可以粉飾，更不用說房屋瑕疵、稅費爭議等陳年老問題了。

這是最好的時代，也是最壞的時代。這是買賣方勇於交易的時代，也是詐術快速進化與滋長的時代。

我在一九九一年踏進新聞業，主跑房地產新聞的時間，斷斷續續也有十多年，寫形形色色的糾紛報導，就好比在寫日記。這件事讓我震驚不已，幸運的是我手上有一支筆，一台筆電，成就不了千秋大業，至少還能大鳴大放，為通常是弱勢一方的購屋消費者爭點方寸之地回來。

到二零二零年底為止，我在網路媒體服務的歲月就要跨入第五年了，我非常珍惜這個可以讓我說真話，傳述房地產市場真實面貌的平台。這些年，我們在揭穿實價登錄造假、嚇阻黑心房仲經紀人欺矇勾串、提示海外不動產投資等議題上著力甚多，在買賣屋消費者心目中自有一番好評價。

這本書結合了眾多房仲業第一線人員親身遭遇，或是我親自接觸過當事人的糾紛與陷阱，每一個消費者被坑殺的故事裡，都隱含了好幾種不同態樣的欺瞞手法或業務花招。我把故事忠實地寫下來，也結合專家解析與自己多年的所見所聞，幫你釐清問題癥結，讓你知道該如何安安全全地繞個彎，以及踩進圈套後的解圍辦法。

大部分房屋仲介經紀人都是兢兢業業，為了追求自己的人生自由，同時也幫助別人實現買賣房屋願望的一方俊彥，能夠在一波波市場競爭的潮汐沖洗後留下來的房仲品牌，都是好品牌。我寫下這些真實故事，不畏揭發黑幕，也不想斲傷任何人與公司，這只是浸淫不動產相關報導近四分之一個世紀，是身在其間的媒體人，同時也是購屋消費者一員的不平之鳴。

正義感是促使我冒著被房地產業裡眾多友人抱怨的風險，寫作這本書的最大動力。謝謝我死去多年的父親把我教養成一個正派的媒體人，謝謝始終與我站在陣線同一邊，在保障房屋買賣交易安全與過激的居住正義口號間找到一個有良心的立足點的同事們，願意為捏塑公義而理性的房市生態圈共同努力。

Contents

01 你要買房子嗎？看這裡！是誰偷走了你的買房好夢？

02 你要賣房子嗎？看這裡！仲介也許是幕後的玩家！

03 仲介，是好人，還是惡人

04 後記　茅屋為秋風所破

前言

這本書的開場白，我是在台北市敦化南路二段好房網辦公室附近的星巴克咖啡敦富門市臨窗的位子上寫的，一早，才過了九點半，咖啡館裡已經座無虛席。打開筆電那時，誰預料得到不久前的世紀大瘟疫—新冠肺炎的恐懼會那麼快平息下來？我們竟然可以那麼快就摘下口罩，在星巴克裡啜飲一口焦糖瑪琪朵呢？

左後方一桌男女，想必是建設公司的高階主管，正討論著台北市內一塊土地的基地概況，和最近房地產投資客變多了的事，右邊那桌的老先生們還聊著最近房市「熱到發燙」的現象，下一秒，就有人站起身告別，說晚一點要參加危老都更說明會，他得先回家和太太把建商提出的條件討論討論。

我想要表達的是，台灣房市何其有幸，不但沒有在這場世紀浩劫裡沈落，而且和二零一四年第四季開始的低迷景象相比，要生龍活虎多了。

然而這幾年來，履約保證金遭挪用、屋主控告黃金地段房產被賤賣、資深房仲長期偽造客戶開價等足夠裝滿一大卡車的詐騙新聞連環爆，這些事件個個惡神當道，件件案情驚悚，那些簇擁在房屋仲介店頭裡，或預售屋接待中心裡的購屋人，該不會以為買房子如同上超市買個菜一樣容易吧？

你也許會問說，政府的實價登錄制度都上路了，成屋和預售屋買賣定型化契約都有了，還擔心那麼多幹嘛？錯了！最好的時代，也是最壞的時代，看似風平浪止的時候，正是暗潮洶湧的時候。在你鬆懈警戒的時候，黑心的惡人依然枕戈待旦，只為了等你這條大魚上鉤呢！這些，後面我們再細說。

根據行政院消保會的統計，二零一九年全國共受理了近五萬三千件消費申訴案，最多的是電信類，接下來就是房屋類，後頭接的則是遊戲類與手機類。房屋雖然不是第一名，可是別忘了，房子是動輒上百萬、上千萬的花費，而一支手機貴一點的，也就是新台幣三、四萬元的價格。一件購屋糾紛產生的衝擊，不僅及於個人，甚或可能賠上一個家庭的幸福。

而內政部地政司每年的統計數據則顯示，房地產發生糾紛成因的前幾名，不外乎是房屋漏水、終止委售或買賣契約、施工瑕疵、定金返還（含斡旋金轉成定金）、隱瞞重要資訊等幾項，至於來源，則以仲介業最多，其次是建商與代銷公司。

房屋仲介業的糾紛筆數多，而我在這本書裡，也花了八、九成的心力在寫中古屋的糾紛，這絕不是因為買賣中古屋比較容易有糾紛，而是因為台灣人透過仲介業協助進行房屋交易的比例遠高於自售，或透過建商與代銷公司交易。內政部的台灣住宅需求動向季報曾經調查發現，透過房屋仲介業者購屋的比例超過四成，透過親朋好友介紹的約二成，透過建商或代銷公司交易的則不到一成。

事實上，預售屋市場的交易本來就是個不小的黑洞，在實價登錄上路，不動產交易價格透明化之後，只有預售屋成交價透明化這件事仍然在以建商為主的利益團體運作下頑抗著，在「實價登錄2.0」修法完成，「門牌全揭露及預售屋即時登載」從街頭抗爭口號變成法律條文之前，這種摸不著的期貨，是要比摸得著的成屋與中古屋更容易張口咬你。

經過幾波房地產景氣榮枯刷洗，好建商的數字絕對多過於不好的，許多代銷公司也從不去碰紅單買賣，但是你不可能總是碰到鍋裡的好粥。

購屋是終身大事，是攸關上百萬、上千萬元資金的大事，是誰讓你買個房子、賣個房子，都還要焚香祝禱呢？是投機客，是黑心仲介，是黑心代銷，是黑心建商，是各行業老鼠屎裡的代書與銀行行員，更是那些不讓實價登錄2.0等消費者防護傘順利啟動的人。

雖然，我以新聞人的角色與角度靜觀這些年購屋交易糾紛，發現房地產消費糾紛的類型與比重變化不大，但是手法不斷推陳出新，令人訝異的是連讓房價資訊透明化的實價登錄制度，都可以被部分建商、代銷與房仲操弄，真是令人大開眼界。

是這些人聯手偷走了你的房子，或是你買間好房子的夢想，請睜大眼睛，別成了蹲在牆角流眼淚的那個人。

買屋流程表（中古屋）

①評估時機

②看屋

③價格協商

④簽訂合約

⑤完稅

⑥過戶

⑦交屋

Chapter
01
你要買房子嗎？看這裡！是誰偷走了你的買房好夢？

現在是不是買房子的好時機？這大概是房地產市場上萬古不變的經典疑問句。說實話，幾年以前，這不是個太難推論出答案的疑問。連大學地政系的學生，都可以告訴你說，台灣房市每七年會有一次循環，漲七年，跌七年，再漲七年，跌七年。

這幾十年來，台灣房市歷經過五次景氣循環，第一波房地產景氣高峰出現在民國五十七年，第二波高峰出現在民國六十二年，接下來分別是六十九年與七十八年（註一），這四次景氣循環的上行（復甦、繁榮）與下行（衰退、蕭條）周期大約都是七年。但是等距今最近的第五次房市景氣循環出現後，我們面臨了不可預期變數更多的時代，七年一循環的定律被打破了，這下，就連房地產專家與學者都不敢打包票，預測景氣的高點與低點會在什麼時間出現了。

評估時機，誰會偷你房子？提防加工過的消息與新聞

二零零三年的SARS一度為接連遭遇亞洲金融風暴、林肯大郡災變與九二一大地震拖累，進而陷入十年失落期的房地產市場敲下喪鐘。和平醫院封院事件之後幾個月，預售屋接待中心與仲介店頭門庭冷落，車馬稀少，有建商撐不下去，倒閉了，但是想不到SARS疫情下半年就解除了，第五波台灣房市景氣也就從彼時開始吹響號角，這一漲，就是十一年，直到二零一四年底，才因為政府接連出手打房，十多年的好光景才煙花散盡，重歸寂靜。

二零一四年第四季之後房市走下十年不敗的神壇，進入盤整期，二零一六年年初房地合一稅上路，國內外投資買盤同時縮手，加上全球經濟復甦力道疲軟，房地產持續盤整修正，全年新推案量與成交量同步下滑。但是奇怪的狀況是，媒體上卻常常出現房市回春啦、景氣在望啦的報導。

浸淫媒體二十多年，我很瞭解「輿論」有時候是被製造的，尤其

註一：卓輝華「Taiwan 房市激盪五十年」，第十一頁

在類似房地產這種具有高度專業性與封閉性的產業，擁有資訊優勢的顯然是業者一方，第一個偷走你房子的，就是這些被聯手製造出來的假新聞，和製造它們的人，他們餵你扭曲或偽造過的資訊，讓你誤判情勢，讓你在不該買賣的時候買賣，讓你在賣不了好價錢的時候，賤賣了你的房子，或讓你在房市走跌之前，冒然變成最後一隻老鼠。

幾年前，我就在雜誌上寫下了心裡想說的話。

這是市場崩壞的時代，也是買氣翻揚的時代。這是價格軟趴趴的時代，也是硬梆梆的時代。這是迷亂的時代，也是清明的時代。

在這個世紀，除了狄更斯再世的大文豪，也只有報社編輯、關心房市的大眾和睡眠不足、神經錯亂的人寫得出這樣的文字了。瞧著，報紙的標題才說「蛋黃區房價底線崩潰」，幾天後就換成「房市報喜，春燕要來了」；幾天前才讀了甲仲介「降價趨勢難回」的報告，接著就有乙業者發布新聞，說房市景氣回升「有數字，有真相」了。

老實說，最近的房地產市場的確有了溫度，一度「坐看蕭條無盡處，花光預算不見人」的業者二零一六年第四季後精神都來了，接下來，原本一面倒唱衰市場的媒體與論便弔詭地繞了一個個髮夾彎，一時間房屋市場春花綻放，到處都暖和了，至於影響房市景氣的供、需、價、量變化傳達的真相則被迫覆上了隱形斗篷。

過程裡，我們發現用選擇性剪裁真相來餵養輿論的斧鑿痕跡歷歷可見，我因此記起了傳播學上的一個專有名詞：「沈默螺旋」，一方觀點必須製造有利於他的意見環境，好拉攏立場左右搖擺的中間派，策動沈默螺旋，讓對立的一方被孤立，因此，他可以促成十九世紀蘇格蘭記者Charles Mackay暢銷百餘年的著作《異常流行幻象與群眾瘋狂》裡書名一樣的現象，讓房市與自己皆脫困。

我們何嘗不希望台灣房市天天過年？但神話是唱的，不能指望，我們務實地尊重並還原它的真實面貌，也始終認為台灣房市風風光光走了十一、二年大多頭，跌個三、五年甚或更久不僅合情合理還有益健康。如果瘋狂可以促成正義，可以讓房市長治久安，我們願意一起瘋狂。但尼采說，「人，和動物一樣，總是集體陷入瘋狂，再慢慢地，一個接一個地恢復理智。」在這個分裂的時代裡，我們不擅瘋狂與迷亂，所以選擇理智與清明。

我要傳達的是，新聞訊息是被剪裁過的，不必盡信或不可盡信，別讓被操作過的新聞訊息左右你的判斷與認知。

我始終認為投機客、投資客與自住客甚或置產客評估進場時機，著眼點是不一樣的，你若是自住客，買房子不是為了賣房子，進場時機這件事理論上關係不大，但是要你不去想賺賠，容易嗎？都說，房地產放得夠久，沒有不賺的，問題在於，你得保證自己買了房子之後，不會換工作，不會生太多小孩，不會有大筆資金需求，否則房價跌個幾年，依然天天都會如履薄冰，提心吊膽。這種心情，該問問二零一三到二零一四年左右置產的人，他們最懂。

業者與媒體的關係是多層次的，你聽過「廣告要是花錢買，就太遜了」的說法吧？

我們那個時代想從事新聞業的，不外乎都是因為喜歡聽別人的故事、寫別人的故事，我們多有正義感，想秉筆直書，撥亂反正，我們多有同理心，想為那些在社會弱勢階層掙扎的人發聲。新聞學教授說，你們執的是太史千秋筆，要能明斷是非曲直。

但是後來呢？

企業要宣傳，新聞媒體要賺錢，不論買廣告，或用置入性行銷的手法就可以操縱言論走向，是非曲直由廣告預算多寡明斷，真相也能造假，只要閱聽人相信了，造假的也能成為真相。這其實無可厚非，放眼全球，也不惟台灣如此，毋需在此多說，只想讓你知道，房市景氣好壞的真相往往是被有心人刻意誤導的媒體訊息矇蔽的，如果你完全聽信欺瞞消費者的言論，而不加入自己的觀察與判斷，吃虧的會是你自己。

在以建商、代銷公司為主的業者操作下，二零一四年下半年房市雖已高處不勝寒，打房也打得業者心慌慌，但「捷運加持，題材不斷」、「房市會回暖」、「一旦勝選，房市會更High」等一類標題的報導依舊占據報紙版面，如果你信了那些假新聞，別說來不及跑，說不定還加碼進場呢！

至於時機應該如何觀察與判斷，免得下錯決定呢？下面幾個功課，你得好好做。

空屋率

空屋率可以讓我們看清楚房地產供給與需求對應關係，多年來，台灣房市幾乎都處在供給遠大於需求的超額供給狀態，常說，台灣有八十萬戶空屋，這是個推估的數字，主要依據的是內政部營建署每年利用房屋稅籍資料、台電用電資料與地籍資料產製低度使用（用電）住宅、新建餘屋（待售）住宅數據資訊，進行的「低度使用住宅及新建餘屋資訊統計分析」，這個分析裡引用的「六都低度使用住宅統計」，把用電度數低於六十度的住宅，界定為低度使用（用電）住宅，二零一四年的數字是八十四萬九千八百六十九戶，這就是八十萬戶空屋的數字依據，距今最近的統計是二零一八年，數字是多少？是九十一萬六千三百八十三戶，也就是說，台灣的空屋數字早已經堂堂進入九十萬戶大關了。

後疫情時代令眾多房市專家與學者跌破眼鏡的，是龐大的空屋率似乎沒有嚇阻遞延回歸的買氣，在怕落人之後的一窩蜂心態驅使下，連空屋都成為沒有人怕的夢魘。未來幾年，我一定會再回頭看看這波非預期性買氣的後續發展。

利率

銀行放款利率高低，直接影響你每個月的荷包鬆緊，利率上升，還款負擔加重，家戶房價負擔能力與購屋意願同時都會降低。

常聽說央行降息半碼、降息一碼，實際上可以省多少呢？調降一碼，亦即降零點二五個百分點。假設某A的房貸利率本來是百分之一點七，若是降半碼，大約就會降到百分之一點五六，某A若是背了一千萬元房貸，一個月大約可以省一千一百六十六元，年省約一萬四千元。這些錢，對多數有購屋能力的人來說，其實沒有太大痛癢，一家人吃館子時多點兩道菜就花掉了，無怪乎低利率雖然改變了台灣房市的景氣循環週期，效果似乎也在持續遞減。

經濟成長

回顧台灣房地產史上幾波上下行景氣，我們可以發現總體經濟乃至於國際經濟對房地產市場的確具有帶動力或牽制力，不論是早年國際石油危機帶動的投資與保值需求、近年幾次金融危機對股市與家庭財富的衝擊，都對房市形成催化或制約。

供過於求，房市便蕭條，供不應求，房市便熱絡。經濟景氣與房市的互動關係是一個可以寫成書的議題，要提醒你的，就是隨時關心國內外經濟情勢，精準掌握房市動能的真與假，是買賣房子前的必修作業。

交通及公共建設

如果因為房價太高的原因，你不得不放棄買在台北市這個購屋不敗之選的話，交通路網與大眾運輸便捷與否，這件事就很重要了。

提起交通與公共建設對房市的影響，就不能不提大台北捷運系統，以及其後的桃園、台中、高雄、台南等捷運系統對房價、通勤選擇、購屋選擇及生活機能帶來的重大影響。捷運帶動都市蛻變，也帶動都市文明與房價成長。

看房子的時候，誰會偷你的房子？少一顆心，漏一個細節，買的會是噩運連連的房子

Tips

1. 確認你找的與看的是同一間房子
2. 週邊環境（順向坡、土壤液化）——居家環境品質查詢、土壤液化查詢
3. 結構設計
4. 施工與裝修品質
5. 漏水是最惱人的夢魘

第一個故事：仲介、投資客創造的高價漏水房

這個買房子吃大虧的故事，很經典，一開始我就得說給你聽。

有對夫妻，看房子看了七、八年，始終沒有買到合意的房子。二零一九年三月，二人終於看上一間裝潢得非常好看的物件。房子屋齡三十多年，三十一坪左右，開價一千六百八十八萬元，吉利的數字，可是比周邊物件的實價登錄行情高了一截。

都說，裝潢美、氣氛佳的房子，十之七八是投資客的生財工具，買方王小姐也懷疑過，但是房仲經紀人告訴她，賣方是竹科科技大廠的工程師，以為自己有機會從新竹調回台北，所以買了這間房子，但人算不如天算，後來人沒調回來，房子也只好賣了。經紀人還強調，這間是屋主以自住客需求斥資百萬裝潢的房子。

這對夫妻和房仲經紀人也是舊識了，因此相信了他說的故事。看房子看了那麼久，也不是沒有相中眼的，但往往一躊躇就失去機會，這次，兩夫妻一下決心，就出了一千三百萬元的價，也付了斡旋金。

價格磋商過程中，經紀人一直聳恿他們加價，還說，沒有一千四百萬元，屋主是不會答應的。兩人擔心又會有隻快下鍋煮的鴨子飛掉，牙咬了咬，就簽了一千四百二十萬元的斡旋單，最後終於在不算心甘情願的狀況下買到了房子，圓了夢想。

但是接下來發生的事，簡直教他們心碎一地。

首先是成交後，這對夫妻從實價登錄網站上發現這間房子很可能是同一家仲介公司五個月前成交過的物件，上一手屋主當時的成交價才一千一百五十萬元。這個情節，仲介公司從來沒有告知。這是怎麼回事？等會兒說。

其次是，買方入住前和房仲公司派來的人一起驗屋，不驗還好，一驗可就教人變臉了。原來，房子的主臥室有壁癌，浴室和客用衛浴也漏水。買方自己又找來第三方驗屋公司，發現整間屋子的滲漏水問題非同小可，裝潢板材後方到處是水痕與白華，驗屋公司告訴兩夫妻，你們可能被詐騙了！

房子老有房子老的問題，這個兩夫妻可以接受，但是刻意用裝潢掩飾，企圖欺瞞買方，就不能原諒了。誰是主導騙局的人？是屋主、仲介經紀人，還是屋主與仲介根本是同一個人？兩夫妻告訴媒體，帶看當時，仲介公司保證房子是全新修繕的，買賣契約書附上的標的物現況說明書裡，也完全沒有勾選滲漏水、壁癌、鋼筋外露等問題，這不是勾串，就是自己人掩護自己人。

有了賣方與仲介經紀人相互勾串的合理懷疑後，我們再回頭看看同一個物件五個月內成交兩次這件事，整個局的劇情是不是更完整了？讓我大膽假設劇本是這麼寫的：身兼投資客的房仲經紀人低價買進屋況不好但成本很低的物件，找了裝潢等包商幫忙，用低廉的板材與人工幫房子裝飾裝飾，然後加碼脫手。

兩夫妻尋尋覓覓新房子的過程裡，一直蝸居在小套房裡，好不容易存夠了錢，找到了房子，卻掉進購屋陷阱裡，幾乎就要賠掉畢生積蓄。

這個購屋悲歌，前前後後遵循的都是仲介經紀人勾串投機客共同炒作房地產的標準劇本，在房價不透明的時代，這種事無時無刻不在重複發生，想不到有了實價登錄，房價資訊看起來透明許多以後，仍然時有所聞。這個案例，從看屋程序到價格協商兩個步驟，購屋人都犯了錯。

誰在這個案例裡偷走了這對夫妻的購屋好夢，讓夢雖實現了，卻是個噩夢。

是黑心房仲。

漏水的故事不只這個，還有一個。

第二個故事：不動產說明書不算數

這個故事在蘋果日報刊載過。故事是這樣的。有位三十多歲的女子透過仲介公司服務，買了間位在雙和地區的套房，套房大約十二坪大，總價六百萬，想不到交屋不久，房子就漏水了。漏水，她沒怪屋主，令她氣惱的卻是仲介公司。

原來，故事中的受害者從十多歲起就半工半讀，好不容易存下了一百五十多萬元自備款，買了房子。雖然只是間套房，卻是她的夢想天堂啊。

交屋後她搬進了「天堂」，誰知到房子裡認真一看，竟然發現了水漬和水痕。房子漏水，這不是很麻煩的事嗎？她不會這麼倒楣，碰上了吧？那家仲介公司在不動產說明書裡，沒有提到這間房子會漏水啊！

發現水漬後，她請人拆掉窗簾，都嚇呆了。原來，窗框旁的油漆都剝落了，看起來，摸下去，都是濕的。她找來水電工人順著水痕摸，發現用裝潢板材隔起來的天花板內似有玄機，一推開，才發現天花板裡頭一共藏了三個大大的集水盤。

她想起看房子的時候，曾經請經紀人拆下窗簾，卻被經紀人用「我不會拆」搪塞過去，在不動產說明書的「本標的物現況有無滲漏水或壁癌之情形」選項上，經紀人也沒有勾選。漏水這件事，屋主知道以外，她懷疑經紀人也知道，但是為了要賣房子，於是竟幫著瞞天過海，如意算盤是只要買方稍稍走心，仲介費就入袋了。

想不到，一灘水漬，一條水痕，摔碎了他們的算盤。

令她更氣惱的是，她曾經跟這家房仲連鎖品牌總部詢問如何解決此事，對方起初並沒有積極回應，直到有媒體披露，才出面處理，和解收場。不過來來回回的歷程，讓她對這位經紀人和撲不了野火才出面解決問題的仲介公司無比失望。

漏水不論對屋主或仲介公司來說，都是夢魘。漏水這件事本身，就不是容易處理的問題，怎麼抓，怎麼漏，漏水糾紛也複雜，怎麼吵，怎麼糟。

紙包不住火，也攔不住水。房子只會越來越老，只要漏了水，問題只會越來越嚴重，然而仲介經紀人是公親，不是事主啊！這個案例裡，只要經紀人做好屋況調查，老老實實地在不動產說明書裡勾選，漏水糾紛也就可以禍不上身了，但是勾選了，如果買家不買單，就不會有業績了，因此，就像這位大品牌房仲公司經紀人一樣，某些仲介人員只能心存僥倖，或幫屋主包火攔水，目的只在於趕緊讓房子成交。

第三個故事：房仲假報上手成交價格

如果你看房子不留心，讓屋主與經紀人過關了，要為房子漏水這件事揪心的，就剩你了。雖然法律會保障你，後頭我們會說說，但是明明該是歡歡喜喜搬新家的事，卻還有舉證要求負瑕疵擔保之責等麻煩事情撩撥，任誰都不會想遭遇的。

張家家多年來都住在台北市西南區一間十坪大小的小套房裡，但小孩長大以後，套房漸漸就變得擁擠了，她得趕緊換個房子，考量到負擔能力，她必須渡河，到淡水河另一邊的新北市找房子。

計畫本來執行得還算順利，透過一家**加盟**房屋仲介公司的百萬經紀人幫忙，張家家在三蘆地區看上了一間大約二十坪的五十多年中古屋，雖然也只有一房一廳，但是有兩間廁所，比現在住的房子好了一點。她翻了翻經紀人提供的不動產說明書，在「本標的物現況有無滲漏水或壁癌之情形」一項前，房仲公司沒有打勾，她喜出望外，不會漏水的房子，不是隨隨便便就遇得到的，這太好了。

但這個物件要多少錢才買得到呢？

經紀人用手機傳了一份實價登錄資料告訴她，屋主是在五、六年前以一千萬元總價買下這間房子，坪數雖然不大，但是有都更題材，都更後地坪與建坪都會變大很多。實價登錄耶，實價登錄不會騙人吧！張家家好不欣喜，心裡還盤算說，屋主買這間房子那麼多年，加一點給他也不為過。

從仲介經紀人約她看房子的那個晚上開始，她就走進了圈套裡。

那是個爾虞我詐之夜。張家家隨著經紀人走進屋子，燈光是昏暗的，是都沒裝燈嗎？也不是。張家家看到了很多家具，據經紀人說，所有的家電，屋主只買了半年，連同家電與裝潢，一共花了三百萬。那晚，經紀人非常忙碌，他有好多電話要接，據他轉告，多是打來出價的，已經有人出價出到一千一百萬了，張家家再不下決定，也只能謝謝再聯絡了。

張家家心一慌，當晚就下了斡旋，出價一千一百二十萬。

Bingo，小綿羊被拐騙，掉進陷阱了。

雖然看屋過程裡疑點重重，但是買房子是喜事，經紀人也總是可以提出他的解釋，包括為什麼始終拿不出張家家想親自看一眼的那份用手機傳來的實價登錄資料，包括屋主遠行，沒有交付鑰匙，就別再看第二次了等等，張家家雖然滿腹狐疑，也無可奈何。成交後，張家家搬進了新房子，才發現那個昏黃的看屋之夜被家具擋住的地方，不是壁癌，就是裂縫。不是三百萬的裝潢嗎？張家家心情跌到了谷底。

沒幾天，鄰居登門來問候。聊啊聊，鄰居說，跟屋主的前一手屋主是好朋友，當年他們的交易價格是八百五十萬，想不到現在可以賣到一千一百二十萬。什麼？經紀人傳來的實價登錄資料，寫的不是一千萬嗎？交屋時，張家家到仲介公司店頭辦理交屋，並結清水電瓦斯費與各項稅費，此時她趁機問顯然不知情的代書有關實價登錄資料的事，這位店頭裡的代書正想幫她查，經紀人卻連忙制止代書同事，說這筆物件上一次成交是在實價登錄即將實施前的「矛盾期」，不會有資料。

張家家火冒三丈，發現經紀人從頭都在騙她，設局給她跳。她就是怕被騙，才刻意找了大品牌的連鎖仲介店頭啊，經紀人竟然還跟她搞鬼！

她找了許多人幫忙，幾番與經紀人和加盟店店長交涉都不歡而散，後來店長甚至放話，說要告就去告經紀人和前屋主詐欺罪，但也恫嚇她說，詐欺罪要成立，是很難的。

張家家現在還住在這間讓她傷透心的房子裡，不僅身上背了一千萬房貸，為了讓房子能住，還花了好一筆錢去整修。幸福購屋路走一遭，換來的卻是一連串不幸的回憶。

這個故事還漏了一個情節。

發現買方買得一肚子氣，經紀人還暗示說，他還可以幫忙轉手，繼續把價格墊高，透過特約代書幫忙，張家家不但可以跟著賺一手，說不定連稅都不用繳呢！

當然，張家家沒有這樣的打算，她買房子本來就不是為了賣房子，她是要自己住的。然而，想起要為這間爛房子背上千萬元的貸款，她不知道還有多少長夜的煎熬必須承擔？

張家家的購屋遭遇，與前面案例裡的夫妻很類似，不是嗎？他們都是透過可能別有意圖的黑心仲介經紀人牽線，仲介經紀人與屋主之間都有「特殊的人與人關係」，很可能各自都是一個投機客炒房集團的夥伴，在共同的利益驅使之下，利用專業優勢，強壓經驗處於絕對弱勢的消費者。

每個人都知道看房子很重要，但是你會「看房子」嗎？張家家的經紀人刻意約她晚上去看房子，點燈又點得不甘不願，就是怕她把房子看得太清楚，不買了。

在這個案例裡，張家家是位動機單純的換屋客，想換房子的起心動念，純粹是因為現在住的套房太小，僅十坪大小，但是想換間大房子，在台北市與新北市談何易？因此她尋尋覓覓，台北市房價太高，她不指望，即便到了一河之隔的新北市，也只能買間不到二十坪的一房小宅。然而這麼簡單的想望，還是被從中搞鬼的房仲經紀人搗碎了。

上面三個案例的購屋人，顯然都在看屋的時候，疏忽了很多應該注意的地方，比方看得見與看不見的漏水問題。別說沒買過房子的人了，就算你買過一、二次房子，頂多也就是「道高一尺」罷了，你要面對的，是一年到頭浸淫在內「魔高三丈」的業者，不處處留神是不行的。

看房前，先準備好兩種東西，一是看屋時用得上的工具，像彈珠、文武尺、硬幣，二是了然於胸的建商背景與身世，有幾樣功課，是非得做不可的。

先說建商身世與背景調查吧。通常，專家會建議我們查查建設公司的資本額，我承認，這個動作該做，但是做完後放在心裡某個角落備用就好，上市資本額動輒幾十億的大公司一樣會偷你東西，資本額不起眼的，即使有些名不見經傳，但是蓋出有口碑房子的也有。

到哪裡查建設公司資本額呢？到經濟部商業司商工行政服務登記公示資料查詢服務平台，在檢索框框裡鍵入公司行號名稱，比如說與富發建設（見四十頁圖），找到後點選，就查得到這家公司的資本額、代表人、董監事、經理人等基本資料。

查詢資本額等基本資料，是讓你對這家公司的規模與股東結構有初步的認識，但公司規模只是供你參考用的，先回到「看房子」這三個字。

確認你找到的，與看到的是同一間房子

怎麼說這種匪疑所思的話呢？我會去看的當然是我要看的房子，不是嗎？不，很可能不是。網路世界裡，什麼匪疑所思的事情都會發生。

你在網路上找到的，很可能是一間「釣魚物件」。什麼是釣魚物

如何查詢建設公司基本資料

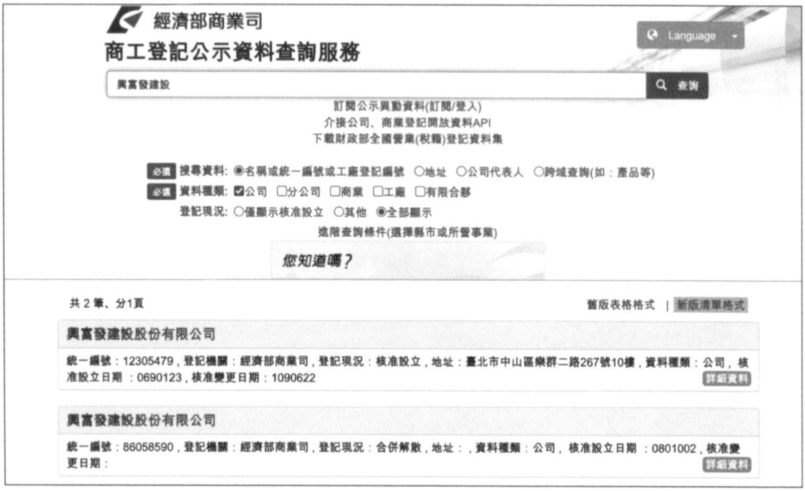

件，我給它一個定義，叫「望之鮮美，買之不到，想要買之，換間看看」的假物件。不論是建商與代銷常常推出的「精華保留戶」或「廣告戶」，或是房仲公司網頁上「燈光美、氣氛佳，但是去電一問『已經賣掉』的物件」，常常都只是釣你這條大魚用的。

釣魚物件是因應網路看屋潮流而出現的，在國內最大的房地產交易資訊平台上，我們常常會發現這些物件的蹤影。多年前有家網路公司民調中心做的網路民調就發現，民眾對購屋網站某些亂象感到困擾，最讓反感的，就是「刊登A物件卻推銷B物件」。

除了用不存在或者已經賣掉的A物件釣你上鉤，好帶你去看B（當然也會是物件CDEF……）外，釣魚物件的玩法還有下面幾種。

一、**Apple**永遠掛在平台上：仲介人口中的**Apple**，指的是價格與產品條件都漂亮的物件，這種物件原則上只要經紀人手上有幾位好客戶，不用上網就會賣掉了，會將之放在平台上，是因為這種物件人見人喜歡，最容易拿來釣大魚。

二、投資客與投機客的物件：投資客與投機客的物件可能會製造「二次報價陷阱」，這些物件會先開一個高價，不久後再來個大降價，讓你真以為撿到便宜，其實你買的價格還是很貴啊！

三、先斬後奏：這招實在很機車，但就是有人用過。怎麼玩的？經紀人知道某個物件要賣，但是沒有簽到委託，就想法子弄來物件的照片上網賣，真的有買方打電話來詢問了，才找屋主說，我手上已經有客戶了，想賣，就和我簽立委託銷售契約吧！

釣魚物件在租屋市場上極常見，買賣市場上少些，而且通常「無害」（二次報價那種除外），但是它的存在，在一寸光陰一寸金的商業社會裡，一定的會平白浪費買方寶貴的時間與精力。

週邊環境

看房子之前，你得先看看週邊環境，畢竟買房子不僅是買房子，你買的也是居住環境。環境又有大環境與小環境之分，大環境的

地質資料整合查詢系統讓你知道房子的地質條件

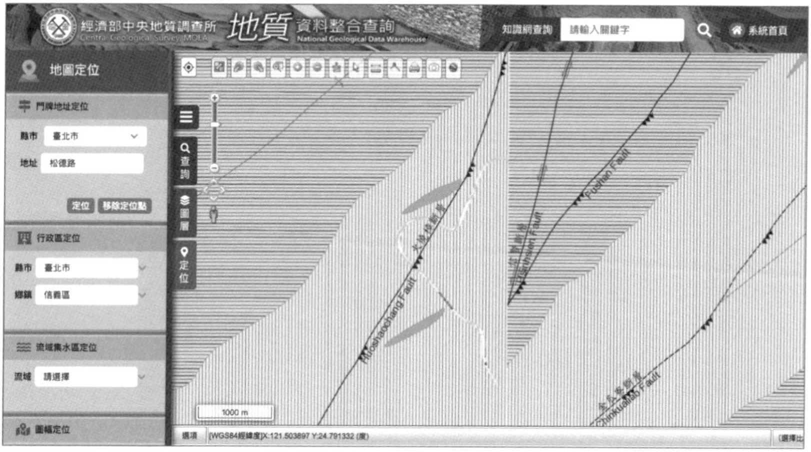

觀察重點是附近有沒有公園與學校？購物方便嗎？交通呢？地質如何？小環境則要看看房子附近有沒有嫌惡設施？嘈雜嗎？

每個人對大環境與小環境的定義不會完全一樣，年輕夫婦、新手爸媽、國高中生家長、大老闆、白頭老叟、詩人、學者、工頭、千金與投資客希冀的都不盡相同，有人適合買在幹道旁，自然也有人不避居深巷晚上不能入睡，有人要有大片樹叢當窗景，有人樓下沒有街肆喧鬧就犯孤單，犯寂寞。十雙眼睛與十對耳朵，絕對勝過一雙與一對，如果你選了一個自己不熟悉的地區看房子，也沒有那麼多親朋好友幫你當耳目的話，就精挑一間仲介店頭與經紀人，看能挖多少寶、避多少坑。

當然，如果挑錯房仲公司，碰上不好的經紀人，你就跌進坑裡了。這些黑心房仲坑你的事，後頭我們還有得說。

做週邊環境調查的時候，幾個網路上就可以利用的平台，會幫上大忙。第一個是經濟部中央地質調查所官網上的「地質資料整合查詢系統」（見四十三頁圖）

這是一個綜合直覺式、互動式、動態性及即時性的網際 GIS 查詢系統，你可以很清楚地查到幾個東西：我想買的房子是不是在斷層帶附近，是不是在土壤液化潛勢區上，或者有沒有順向坡的疑慮？你只要輸入門牌的地址，選好圖層，就可以知道房子是不是位在地質敏感地帶上。

土壤液化是二零一六年美濃地震之後才逐漸被社會大眾熟知的名詞，經濟部中央地質調查所另外設立了「土壤液化潛勢查詢系統」。根據國家地震中心「地震災害與大地環境」網頁上的解釋，土壤液化高潛勢區地下的土壤，由於顆粒彼此間接觸力消失，顆粒懸浮水中，失去承載力，俟地震之後水壓減低，地表將會沈陷。

我在土壤液化潛勢查詢系統上，鍵入曾經住過的台北市臨沂街六十三巷某門牌，發現舊居距離土壤液化高潛勢區僅數步之遙。不過在採訪相關議題的時候，中國土木水利工程學會、國家實驗研究院國家地震工程研究中心、中大與台科大土木系的專家學者都說，土壤液化問題可以透過補強地基等技術解決，建物設計不良與偷工減料的問題，危害其實都大於土壤液化本身。

把圖資範圍擴大，你就可以大致把台北市土壤液化高潛勢區的範圍大致定位出來，做為選擇下一間房子時的參考。

第二個，是行政院環保署的「公害陳情網路受理系統」

無論是鄰居喜歡在家裡唱卡拉OK，養的狗三天兩頭又吠又叫，小吃店油煙味太重或飯菜香太誘人，或是有人亂倒垃圾，都可以上「公害陳情網路受理系統」反應，環保署會在七天內前往處理。而透過這個平台，你也可以知道某個地區曾有哪些公害被檢舉，對想買房子的人來說，你可以初步瞭解被你鎖定的小區域環境品質與鄰居素質如何？

我同樣鍵入台北市臨沂街六十三巷，這是個當年我精挑細選過的居住環境。果不其然，與南側的永康商圈、西側的東門市場一帶相較，除了有些我想不外乎是樓上吵到樓下一類的噪音投訴外，環境品質是極好的，而永康商圈與東門市場附近則密密麻麻地被標注代表有環境衛生事件被投訴的藍點，以及噪音太大被標注的黑點。

土壤液化潛勢查詢系統

經濟部中央地質調查所
土壤液化潛勢查詢系統
門牌定位
台北市臨沂街63巷
底圖
圖例
高潛勢區
中潛勢區
低潛勢區
未調查區(說明)
WGS84坐標：121.531255,25.037432

根據環保署統計，台灣每天平均有五百五十多次環境公害陳情案。不要輕忽了這些數字傳達的警訊，這代表隨著都市人口密集，公害的發生頻率也會提高，如果你喜歡寧靜、乾淨的環境，那就得先好好做做功課。

看完了週邊環境之後，就準備進入看房子的外觀、結構設計與施工品質階段。

台大土木系畢業的品嘉建設董事長胡偉良，和我是有二十多年交情的朋友，這件事由他親口來說，要比我更具有說服力。

胡偉良親自寫了下面這段文字：

1. 比較安全的建築與建時期

因為房子都是依照興建當時建築法規規定的最低標準進行設計、施工，因此除非特例（設計施工超過法規的要求）或偷工減料，否則興建時期的建築物也呈現該時期的法規安全要求。

依九二一地震以後新法規設計、施工的建築物，除了因應各地區地質、地震潛能而將設計地震力係數大幅提高外，也提升建物耐震度（韌性

環保署公害陳情網路受理系統

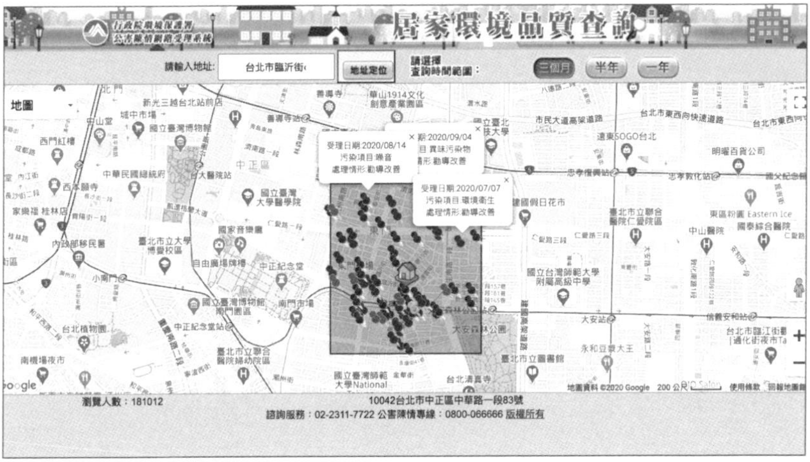

設計）規定，像是：牆柱梁須有韌性、梁柱接頭工法、鋼筋密度與彎曲角度、禁用無韌性之水淬鋼筋…等等，期使地震來臨時，建築物能達到「小震不壞、中震可修、大震不倒」的目標，確保民眾自身及財產的安全。

因此依新規範設計施工的房子基本上才是比較安全的。

一般而論，考慮到設計施工的時程，最早完工的房子應該是在二零零三年以後。

2. 比較安全的房屋結構型態

簡單、對稱、筏式基礎設計加上嚴謹的施工，才能確保結構安全。

請選擇上部結構形狀簡單、對稱（井字型或方型），下部基礎部分採版式或筏式基礎的房子。

上部結構形狀簡單、（雙軸）對稱（井字型或方型）的房子比較不會有局部受力集中的情形，再搭配下部基礎部分採版式或筏式基礎（有地下室），則其抵抗不均勻沉陷的能力較佳，對有土壤液化可能的區域，這類型的房子與其他種類相比更是相對可靠。

3. 具備專業能力的建商、營造蓋的房子

它們比較具備專業的素養，比較能替整體品質把關。尤其在當今不具專業能力素養的一案建設公司、借牌營造公司盛行的當下（這些混水摸魚的公司除了營利掛帥外，也不具專業素養，容易在設計、施工上造成疏失及瑕疵），所以民眾更應該仔細檢視廠商的專業能力。

最危險的房屋結構

1.最危險的興建時期：民國六十三年以前

民國六十三年以前，台灣的建築法規是沒有地震的抗震要求的，因此民國六十三年以前興建的房子，基本上不具備地震抗震力。

除了設計上缺少地震力的規定之外，當時蓋的房子，不論在工程品質管控或混凝土施工澆灌時，都普遍存在著各種缺失，像混凝土加水幾乎是司空見慣的普遍現象。而混凝土因加水造成強度不足更是導致柱子崩壞，人員喪命的主因之一。

次危險的興建時期（民國六十三年以後，八十八年以前）

這一段時期雖然有了地震力的設計規定，但尚無耐震設計及抗震施工細節的詳細規定，像是：混凝土粒料的用料品質、含泥量、扁平率、吸水率、氯離子含量等項目都沒有嚴格要求。加上施工仍然馬虎，所以整體工程品質普遍不佳，這個階段蓋的房子仍是不夠安全，建築物仍有因柱子斷（爆）裂產生災變的可能。

2. 最危險的建築物型態

a, 有騎樓或一樓變更（或取消）梁柱、牆壁的住商混合大樓

這類型大樓因量體大（地震時的地震力也大），加上高度效應（地震時更大的搖擺、受力力矩），會讓柱子承受更大的負荷。

尤其又碰上結構系統比較差，像是：造（外）形（不規則L型、ㄇ型、T型）的房子（台南的維冠大樓、花蓮的雲翠大樓）。或結構系統不流暢：梁柱不連貫（錯開）、退縮建築、柱線不連貫、懸臂式（花蓮的統帥大樓）時更容易造成局部受力放大（形成軟弱點），若該部分未經適當補強，就會很容易導致崩塌、引發災變。

又因這類建築上半部常做住家使用，外牆及內（隔戶、隔間）牆多，使得上部成為相對堅實的上部結構，而到了底層，則因挑高、去牆去柱而成了俗稱軟腳蝦的軟弱層，成了受力最大卻結構最脆弱的頭重腳輕的「軟腳蝦」──，在地震時由此發生房屋倒塌崩解也就不難了解。

b, 有騎樓或一樓變更（或取消）梁柱、牆壁的四、五層公寓及沿街

透天住宅

這類建築物大多是六十三年以前所興建，當時沒有嚴謹的抗震力設計的要求，建築物一般都以房屋重量的零點一倍做為地震的水平力，這也使得建築物的梁柱系統不具備良好的抗震能力（六十三年以後，地震水平力修正為載重的零點二三倍，八十九年再修正為除輕震區仍維持零點二三倍外，其餘調整為零點三三倍），因此在地震時很需要牆壁的設置來協助抵抗地震力（但牆壁的配置要沿著外柱的兩側（正（背）面及側面）都有，並且愈多愈好），牆壁除了和梁柱共同抵抗、分攤地震力外，它也提供了梁柱的有效側向支撐，增加了梁柱的軸向承載力。

之後由於商業的進展，很多這類老舊建築物的一、二樓為了內部的淨空間需求，牆壁被任意拆除，使得底層變成整棟建築物的軟弱層。另，騎樓或鐵捲門的設置也同樣會減少牆面的數量，因而形成整棟結構上的軟弱層。再加上地下的基礎結構（地基）大多採獨立基腳型式，而不是版式或筏式基礎，當這類的建築物坐落在有軟弱地層或有土壤液化可能的區域時，建築物會因為土壤承載力不足或下方土壤液化而產生不均勻沉陷，因而造成柱子斷裂或房屋傾斜，有可能造成房屋倒塌。九二一地震倒塌很多的沿街店鋪式住宅，一樓牆量極少，亦均屬於頭重腳輕的「軟腳蝦」結構。

3. 違章加蓋的房屋

尤其是四、五層樓的老舊公寓，通常基礎型態就不好，每根柱子和其基腳板的承載能力就不足，再加上屋頂違建後，柱子和基礎的負荷又大幅增加（加蓋一層柱子的負載（受力）至少增加百分之三十（負百分之十五的荷重效應到百分之十五的高度效應），加蓋兩層至少增加百分之六十的負荷，像屋頂加蓋做為隔間套房時，荷重更重，若又碰上「軟腳蝦」的情形或處於地質軟弱或土壤液化區，那麼遇到強烈地震真的是非常非常的危險。

除了柱的承載荷重外，老舊建物基礎因採獨立基腳，其承載力常常不足，若坐落在不良的地質上時更是面臨嚴重的考驗，尤其碰到軟弱的土壤液化地層，情況會更嚴重。

營建品質不夠好的房子，我住過，品質好的，我也住過。

品質好的房子我買過兩間，第一間在汐止，是以營建品質著稱的上市公司作品。這家公司開建築業界之先，每蓋一棟住宅都會辦四場說明會，分別是開工、結構、裝修與交屋說明會，讓你大到知道鋼筋是怎麼綁的，小到清楚門窗框崁縫材是哪一種。可惜的是，這棟房子交屋不久，我還是平轉脫手了，原因是工程期期間台鐵發布汐止七堵鐵路高架化的規畫，耽心這間位在九樓的房子寧適性受影響。

第二間房子在新北市新店區公所後方山區上，和眾多藝人是鄰居，建設公司和營造廠都是口碑不錯的上市公司，縱使如此，由於是山坡地住宅，我還是邀了當時的中華民國結構技師公會專家陪著一起去看房子，他們仔細看了那個房子的坡面、地形、岩層傾斜方向、建築擋土牆施作狀況，以及外觀設計之後，告訴我，這個房子在逆向坡上，外形簡單且對稱，結構設計合理，如果真的喜歡住山上，就買吧！

果然，那個房子結構非常堅實，用的雖然不是什麼頂級建材，但是施工扎實，舉一個例子，從私領域到公共空間的窗框都緊密接合，且結構形狀簡單且對稱，加上又是那家上市營造廠負責施工的，於是我安安穩穩地住了六、七年，期間還歷經了九二一大地震，整棟建築物毫髮未傷。後來，因為孩子慢慢大了，兩房格局的房子不敷使用，只好另覓居所，搬下山來。

這次，我買了間五十多坪四房格局房子，又是一家上市公司蓋的新成屋，還是SRC鋼筋混凝土結構的房子。搬進去不久，遇到了颱風，當晚風強雨大，滂沱大雨從天傾盆而下。由於買的是新房子，那晚，一家人還好整以暇地看著電視裡的全台各地災情報導，不一會兒，主臥室傳出異聲，趕去一看，才發現巨大的水流正從窗框附近猛灌進來。颱風夜呀！你可以想像我們一家人是怎麼慌亂地度過那個夜晚的。

當晚，我完全可以體會杜甫《茅屋為秋風所破歌》描述的窘境：「安得廣廈千萬間，大庇天下寒士俱歡顏，風雨不動安如山。嗚呼！何時眼前突兀見此屋，吾廬獨破受凍死亦足。」

颱風過後，建商工務部門遣人來看，這個人私下說，水是從大理石與方塊磚接縫的地方溜進來的，我們的人蓋住宅大樓的經驗，真的比較少。這麼說，我是信了。幸好建商負有瑕疵擔保責任，漏水這件事他們找了工人補了矽立康（填縫劑）後，漏水這件事就沒有再困擾過我了。

連新房子都難免有一點瑕疵，中古屋被人住了三十年、五十年，不可能沒有歲月的痕跡，如果你在房仲公司網站或經紀人帶看時赫然看到一間窗明几淨，燈有燈罩，飯桌上桌巾搭著乾燥花小盆栽，衛浴瓷磚與馬桶嶄新如洗，你應該雀躍三尺嗎？

別高興得太早，甚至，你的心裡還得拉起警報，因為這很可能是投資客或投機客經手的物件。這類物件會有一些雷同的特色，比如用的是簡易裝潢，釘些木作，上上油漆，買買乾燥花與桌巾，就會讓房子脫胎了，但是換骨了嗎？沒有，它用了幾十年的給水、排水、弱電管線這些骨幹極可能還是舊的，一旦電線走火或水管漏水，房子你還會住得安穩嗎？

買一千多塊錢的吹風機，或一、兩萬塊的電視機與洗衣機都有內容詳盡的使用說明書，動輒數百萬、上千萬金額的房子卻沒有嗎？從前的確沒有，後來信義房屋等業者陸續提供不動產說明書，而一九九九年二月公布實施的不動產經紀業管理條例，也在第二十二條處有了經紀仲介或代銷者必須提供不動產說明書的規定。這條條文規定如下：

不動產之買賣、互易、租賃或代理銷售，如委由經紀業仲介或代銷者，下列文件應由經紀業指派經紀人簽章：

一、不動產出租、出售委託契約書。

二、不動產承租、承購要約書。

三、定金收據。

四、不動產廣告稿。

五、不動產說明書。

六、不動產租賃、買賣契約書。

一年後，內政部又訂頒了「不動產說明書應記載及不得記載事項」，明白規定了不動產說明書裡的應記載事項與不得記載事項。透過仲介公司與代銷公司買房子，你會看到這本不動產說明書，不動產說明書會詳細記載該物件的產權基本資料、地籍資訊、產權重要資訊、周邊環境、特殊事件等等，有助於買賣方了解物件資訊，由於不動產說明書足以左右買方出價的決心與決定，因此經紀人被要求必須據實填寫內容，不得矇騙或矇混。

永慶與信義兩家房仲公司的不動產說明書是業界公認，也獲得地政機關肯定的範本，在永慶房仲網上，你可以找到「不動產說明書怎麼看」的相關提示：

一份完整的不動產說明書，應該具備這些內容：

1. 登記簿謄本：擁有土地或建物所有權狀不等於擁有該筆不動產喔！不動產的實際現況，是要以地政機關所記載的登記簿為憑。登記簿是地政機關記載土地、建物權利狀態的法定簿冊，可分為「土地登記簿」、「建築改良物登記簿」。在登記簿中可詳細看到：土地及建物座落、面積、門牌、權利範圍、有無限制登記、停車位產權狀況等。

2. 地籍圖：地籍圖顯示了建物所在的土地形狀、大小、座落、界址、面積、都市計畫道路狀況等，要特別留意的是房子有沒有可能建在道路用地上或是公共設施用地上，這可是攸關屋主權益的大事。

3. 建物平面圖、建物位置圖：建物測量成果圖標示了建物座落的基地號、建物面積、附屬建物面積、總樓層數及其所在樓層、測量後之建物各邊界尺寸等。屋主可了解實際建物面積大小，以及附屬建物像是陽台、雨遮等面積，及清楚知道擁有的實際房屋室內坪數。

4. 土地及建物目前現況管理與使用情形：目前土地和建物的管理使用，要注意的是有無分別管理協議，可利用大樓管理委員會所召開的住戶大會的各項決議事項、會議記錄等作了解。

5. 土地使用分區證明：土地使用分區會影響將來開發的可能性，若是購買後想申請營業登記等，就必須弄清楚土地使用分區現況。

6. 建物瑕疵情形：了解建物本身是否有滲漏水、是否增建、或是地震後有無龜裂等情況。

7. 交易價金、付款方式：詳列價格和付款方式是為了避免金錢爭議，讓價格透明化。

8. 應納稅額、規費項目之負擔方式：將每項應繳納的稅額和規費記載在說明書上，買賣雙方都可清楚看出互相應負擔的部分，同樣是讓交易合理透明，日後不會有不必要的爭議。

9. 其他特殊約定事項：此部分是買賣雙方互相約定的其他交易條件，例如賣方希望買方配合辦理土地增值稅減半的優惠，而買方亦會希望賣方配合辦理政府優惠貸款等。

（作者整理）

然而，不論不動產說明書寫得多完備，如果經紀人在應該勾選的地方不勾選，該告知客戶的地方刻意隱瞞，購屋消費者也只能徒呼負負。

第四個故事：仲介說的保固條件，有保固嗎？

某女網紅本來租了一間小房子，房子就在父母家隔壁。有天，她覺得自己應該買間房子，於是透過一家房仲公司牽線，找到了一間景觀好，又位在頂樓的物件，完全合乎她的要求。

沒想到交屋前驗收物件的時候，才發現屋主根本沒把房子搬完，更令她氣憤的是，後來家是順利搬了，房子卻在幾場大雨之後，漏水了。她記起簽約之前曾經詢問過經紀人，說可不可以簽保證漏水的切結書？經紀人還拍胸脯說，如果你發現任何漏水的地方，我們有巴拉巴拉幾大保證，一定會立刻找人去修。

太好了，找到的這間仲介公司真的太好了，還幫你修漏水呢……慢點，事情的發展不是那樣，而是這樣。發現漏水後，她自己找水電師傅去估價，師傅檢查後說，是冷媒管漏水，牆壁有好大一片水痕，撬開天花板的板材，更發現水痕處都長了鐘乳石一樣的白華。水電師傅估了價，她以為仲介公司會負責，便把估價單寄給這家公司，期待房仲公司會回覆說，我們會全額支付。

沒想到這家房仲公司的回覆是，只有屋齡三十年以內的房子，他們才保固，這個物件的屋齡已經超過三十年，他們只能負擔一部分。什麼？簽約前你們不是說會全額支付嗎？

她記得店長和經紀人都口頭保證過，會全權處理與負責，為什麼事情發生了，口頭承諾的東西都不算數了？幸好店長和經紀人來交涉的過程，說了哪些話，都有監視器錄影證據，她拿了影帶，店長與經紀人每句話的每個字，都清清楚楚被留了下來，想賴也賴不掉，這時房仲公司才改口，說願意全額賠償。

這裡我得多說說漏水這件事。

前面說過，漏水是買賣方與仲介公司的共同夢魘，一般仲介公司跟你簽訂房屋買賣契約時，會提供一份房屋漏水保固書，仲介公司在交屋日起一定時間內（通常為六個月），會依約對發生漏水的地方進行修繕，並補助漏水修復費用，目前永慶與信義兩大連鎖房仲體系的最高保固額度都是三十萬元，但是永慶房屋的漏水保固沒有屋齡上限，這一點倒是獨步同業。

如果你買的是新成屋，交屋後漏水了，一樣有人幫你修繕嗎？不會。因為，根據成屋買賣定型化契約應記載及不得記載事項裡的規定，你只能依民法規定請求減少價金，或解除契約，不能要求建商修補瑕疵。

實價登錄好用，想偷房子的人也覺得好用——政府幫你，業者坑你，出價前小心實價登錄造假

Tips

1. 學會使用實價登錄官方平台
2. 小心實價登錄造假
3. 實價登錄？虛假登錄？
4. 搭配實價登錄比價王等平台，實價登錄更好用
5. 驚！實價登錄成為投機客愛用工具

你找得到實價登錄的官方平台吧？會用嗎？

實價登錄是二零一一年馬英九擔任總統時，透過修正「不動產經紀業管理條例」、「平均地權條例」及「地政士法」三法通過，並在隔年八月正式實施的。沒有實價登錄以前，霧裡看花都比在房市裡偵探房價這件事來得容易得多。

畢竟不動產市場是一種獨占競爭市場，以往房地產業者握有決定

價格的力量，這是一種「黑暗的力量」，身為消費者，你是看不透，看不穿的。你不會知道「實價」是多少？也不會知道你和你對門同時買房子的鄰居是不是用了更便宜的價格和建商簽約的？

服完役後，我做了幾個月綜藝節目助理製作，然後就進入房地產媒體圈，從當時極具有代表性的太聯不動產市場週報市調專員做起，日日騎著一輛偉士牌機車，造訪預售屋接待中心，餐風露宿，雨打風吹，這個職務被賦予的最重要價值，就是走進預售案的接待中心，探問出價格與銷售率。

預售屋的價格是一組複雜的數字，它有一個平均單價，代銷公司向建設公司提報的時候，平均單價報價越高的，雀屏中選的機率就越高。但是每一個預售案開賣時都不會只有一個價錢，剛跑市調的那日返回公司後，我就被主管一句「某案垂直價差與水平價差各是多少？」問傻了。原來，預售案每一戶都會依不同棟別、樓層、座向、景觀等條件訂定價格，有的比均價高，有的比均價低，而多少錢才合理，你永遠摸不清。

而，往往要到預售案結案了，你才會知道被告知的平均單價，和它的每坪實際銷售時的單價差上一、兩萬元，甚至更多，畢竟每個案場都有競爭對手，絕不希望競爭對手透過你公開的市調報告探知底細，訂定攻擊或防禦策略。此時，市調人員也只能摸摸鼻子，怪自己學藝未精。我要說的是價格這件事，連專業的房地產市調人員推估準確了都要喊聲阿彌陀佛了，何況是一生難得買一次房子的你？

由於價格不透明，業者是刀俎，消費者就成了魚肉，任其利用資訊不對稱的優勢哄抬價格宰割，又或者，明明是同一棟公寓的一樓，前後成交的左戶和右戶成交價差可能超過一百萬，都因為不同屋主對房價的心證不同、急迫性不同，居中仲介的經紀人也不同，買主也不同，在房價不透明的時代，這種情況每天都在發生，都在上演。

因此，在仍由國民黨執政的二零一一年十二月十三日，距離總統大選只剩一個月的時候，立法院三讀通過了「地政三法」——平均地權條例、地政士法與不動產經紀業管理條例的修正案，成為推動實價登錄的法源，可惜馬政府版本原本主張「實價登錄資訊除涉及個資以外，得提供查詢利用」，但是在利益團體運作下，立法院最後通過的版本裡，出現了「區段化及去識別化」的規定，本來應該公開揭露的完整地址交易資訊，被簡約成五十號一個區段。

當時的內政部政務次長簡太郎說：「『去識別化』的意思就是說，你在這個區段裡面，什麼人做買賣我們不能公佈他的名字，以及其他他的個人資料等等，就不能在網路上可以看到，是什麼人的房子，這就叫做「去識別化」。所謂「區段化」就是這一區段裡面，有賣多少的，譬如有賣一千萬的、賣一千兩百萬的、賣九百萬的、賣九百五十萬的，這個就是這一區段裡面的大體數據。」（中廣新聞網，二零一二年十月十七日）。

第一版實價登錄雖然不是匆促上路，還是在業者施壓下妥協了，修出了一個讓居住正義被尾大不掉的「區段化與去識別化」折減成分的法源，而這個大漏洞，會在我們接下來說的故事裡不時竄頭出來，它讓居心不良的建商、代銷公司與連鎖房仲品牌經紀人找到了上下其手的機會與空間。實價登錄的確讓價格透明化這件事往前邁進了一大步，但是以下這篇我發表在雜誌上的文章，會告訴你實價登錄是怎麼被造假，怎麼被黑心的業者操弄的。

你知道實價登錄也能造假嗎？如今包括虛構、偽造、扭曲等造假手法正摧殘著我們信任的實價登錄，但是別擔心，我們整理了最常見的實價登錄做假手法，有看有保庇，買賣房子的時候，誰也坑不了你！

賣房子之前，你會先上內政部不動產交易實價查詢服務網，查一查附近房子賣了多少價錢嗎？會？很好，這表示你可能正在政府苦心撐起的保護傘下進行不動產交易。然而，如果這把傘的傘衣被有心人戳破了洞，如果實價登錄上的價格是值得懷疑的，怎麼辦？這可不是危言聳聽，而是一而再，再而三地發生在我們身邊的犯罪實錄，請睜大眼睛，提高警覺！

二零一一年十二月，立法院三讀通過不動產經紀業管理條例、地政士法及平均地權條例等所謂「地政三法」，為促進不動產交易資訊透明化而由內政部地政司積極立法推動的實價登錄申報，因而得以在隔年八月一日正式上路。在台灣不動產市場發展上，這是一個重要的里程碑，自此以後，在實價登錄制度探照下，預售屋、成屋與中古屋的成交價再也不是一組一組暗黑無光的數字。

你可以說，實價登錄讓一切透明了，讓交易資訊不對稱的狀況改善了，讓台灣的不動產交易制度追歐趕美了，然而我們真的創造了一座桃花源還是烏托邦了嗎？在Mobile01的房地產討論群組上，我們很容易便能找到令人洩氣的發言，比如有人直截了當地留言質疑說：「原來實價登錄也可造假喔？」或是不客氣地說：「實價登錄的金額只能參考，用那價格去談的真的只能當盤子。」

實價登錄真的可以造假嗎？內政部為防範實價登錄造假，不是訂有申報不實的處理辦法，按次處以三到十五萬元罰鍰嗎？其實，所謂道高一尺，魔高一丈，這些年來居心不良的建築業者、仲介業者與投機客早已經鑽透實價登錄制度與不動產交易的漏洞，把「造假」兩字玩得酣暢淋漓，不論買預售屋、新成屋或中古屋，你千萬別睜著眼卻還上了當。

實價登錄造假可以是一個廣義的名詞，除了「造假」之外，「失真」、「偽造」、「虛構」與「扭曲」等四種狀況都可以包含在其中，這些行為可能在事件裡單獨存在，也可能並存。

接下來，我們整理了房地產市場上常見的實價登錄造假手法，在預售屋接待中心的跑單小姐或房仲店頭裡的經紀人把實價登錄行情表交到你眼下之時，你得學會一眼分辨出葫蘆裡賣真藥還是賣假藥的功夫。

新成屋及預售屋藏黑洞

1. 登錄高單價、隱藏低單價：這種手法這些年就算不是「司空見慣」，也是「時有所聞」吧？由於在「實價登錄2.0」完成修法與立法通過前，預售屋只要在銷售結案後三十天內完成登錄就行了，這可給建商「海一樣大的操作空間」了，賣不好的，兩、三年後再登錄就行了，想拉售價的，就先登錄高樓層單價高的成交戶，單價低的慢慢登錄就行了，建商全權掌控作價權，消費者也只能當俎下肉。

2. 用高價登錄實價，登錄後再退戶：手法一的高單價戶一定都賣掉了嗎？那可不一定！相關業者能玩的戲法很多，假交易就是一種。假交易通常是建商把房子賣給熟人、子公司、交叉持股公司或人頭，把房價做高，簽約後先進行實價登錄，但是一完成登錄後，這些房子都會用各種理由辦理退戶，此時，同案場其他戶別的行情已經被拉抬上來，而這些原先當「餌」的退戶還可以被放上銷控檯，說不定還能賣一個比當釣餌時更好的價格呢！

3. 附贈裝潢家電，墊高房屋單價：君不見現今隨處都是「買屋送裝潢，買屋送家電」的廣告，這是賣方的佛心嗎？別傻了，實情是當一個地方的區域行情從一坪五十萬元跌到四十八萬元時，你覺得建商會繼續坐等成交價下探嗎？這種時候送裝潢與家電，把成本灌在房價裡，讓實價登錄的房價撐在五十萬元是不是辦法？是！而且還賓主盡歡呢！然而正準備看房子或正與建商琢磨價格的買方就吃虧了，因為此刻你正被扭曲了的實登價格牽著鼻子，當著「準冤大頭」呢！

中古屋做價手法多

1. 不良仲介虛構實價登錄

不良仲介利用塗改等方法加工，虛構或以模糊手法扭曲實價登錄數據，例如把行情較高的非同型態或同區位物件成交價格出示給買方，把行情的被期待值拉高。

2. 資訊被隱藏或選擇性揭露

仲介經紀人明明可以取得並提供給買賣雙方完整的物件附近實價登錄行情資料，但是在不同目的驅使下「剔肥撿瘦」或「剔瘦撿肥」，只讓買賣方看到部分行情資訊。

通常，經紀人會把實價登錄中單價較低的物件挑出來給賣方參考，壓縮賣方出價期望值，相對的，也會把單價較高的物件篩選出來，提供給買方參考，讓買方錯以為成交行情都在這個水位以上。

別以為玩這種trick（詭計）的是小品牌仲介公司經紀人，包括上市大品牌連鎖仲介公司在內的從業人員也深諳此道，因此當經紀人把不動產說明書交給你時，建議你多問一句：「裡面附上的是完整的實價登錄行情嗎？」

3. 虛構成交價做假合約

用坊間稱作「技術合約」的假合約，與俗稱「AB約」的做假手法瞞天過海，在不動產圈子裡是常見的事，且同時會出現在中古屋及預售屋買賣時，尤其以往投機客勾串不良仲介經紀人、代書與銀行行員組成的炒房團夥，就經常使用這一招。在交易中，他們會簽兩份合約，一份是真合約，一份是價格灌水的假合約，假合約除了用來向銀行超貸，也做為登錄實價的依據，把行情拱高。

二零一四年以前台灣房價漲了十幾年，做假契約超貸這種勾當很多人敢賭，甚至還有房仲經紀人猛敲邊鼓，說可以幫忙貸到「更好的金額」。有網友曾在Mobile01上分享說，「以前玩這個，可以從銀行端全額貸款……反正過個一兩年賣掉就能結清。」如今房價緩步下跌，一兩年後想賣，賠少的已經要謝天謝地了，還能拿來結清嗎？

況且，假合約涉及刑法第兩百一十條的偽造變造私文書罪，代書或銀行行員知情卻又協助申辦房貸，則觸犯刑法第兩百一十六條的行使偽造變造或登載不實之文書罪，若是賠錢又被起訴，就真的是賠了夫人又折兵了。

4. 左手換右手墊高房價

投機客把房子轉賣給人頭或親戚朋友，先把成交價炒高，過個水後再降一點價錢出貨，過程中少說已經墊高過一次房價，但是新買方在查詢實價登錄的歷次移轉明細時，卻會以為自己買得比前一手便宜，還因而沾沾自喜。

5. 高報房屋總價、低報車位價格

以往實價登錄機制遭人詬病的缺失之一，是車位坪數登錄與價格登錄規範不清楚，房屋與土地登錄的是價格，車位登錄的卻是數量，導致投機客與不良仲介可以高報房屋價格、低報車位價格，藉以拱高房屋單價。

假設車位售價本來是兩百六十萬元，如果登錄時壓低成一百萬元，把另外一百六十萬元加計到房屋總價裡，一間建物面積四十坪的物件每坪單價就多了四萬元，而買方要是對區域行情沒有概念，每坪讓他砍個兩萬元，說不定還會回家焚香謝天呢！

6. 虛構裝潢費讓買方出高價

裝潢費是一個黑洞，把三十萬元的裝潢費浮報成一百萬元，不過只是一張嘴和一張裝潢報價單的事，這種手法對想向銀行多貸一點錢出來的買方真的很受用，浮報的裝潢費又能拱高房價，是很多不肖房仲經紀人熟悉的招數，還可以用這種明明是虛假的實價混淆其他買方對區域行情的認知，擊碎買方心中那道防衛的牆。

實價登錄都上路這麼多年了，如今還有那麼多「上有政策，下有對策」的事情發生，大致上都對症下藥的「實價登錄二點零版」修正草案也早早就送進立法院等候審議，但是在某些業者強力反對並積極運作下，部分「有爭議的法條」還有可能被撤下。政大地政系教授張金鶚說，這些資訊公布了，預售屋就很難賣了，所以建商一定會擋。

我們絕對肯定實價登錄讓房地產交易環境更透明的價值，也期待房市的公平與正義不要再打折扣，但是在保護傘的漏洞都被補好之前，還是不得不請你處處小心，不管是買預售屋、新成屋和中古屋，都要防範那些隨時會坑了你的假藥郎中。

這篇報導的採訪與撰稿過程，以及之後好長一段時間，我聽到許許多多消費者被業者用實價登錄當晃子坑殺的故事，有買方，也有賣方，在整理這些故事的時候，我們也只能對業者鑽漏洞，用刻意操作過的實價登錄訊息欺瞞消費者的創意與用心，感到無比敬畏。

假設你想在桃園市中正藝文特區一帶看房子，你該怎麼著手準備，才不會變成大野狼嘴裡的小綿羊？是不是要先了解區域行情？我們就試著上內政部實價登錄平台做做功課！

Step 1

進入內政部不動產交易實價查詢服務網，網址為：https://lvr.land.moi.gov.tw/login.action#

點選網址，進入實價登錄平台之後，想看中古屋和新成屋的，選「不動產買賣」，想看預售屋行情的，選「預售屋買賣」。

Step 2

由於你要看的是桃園市桃園區中正藝文特區的新成屋或中古

買賣房由「自己」查詢實價登錄開始

屋，你可以先在頁面上方的「縣市區域」項後選好桃園市桃園區，選定好交易期間，假設是從現在起回推一年，然後按下搜尋鍵。

這時會出現以台鐵桃園站為中心的桃園區大地圖，此時我建議你先把地圖往上拉到大興西路與中正路口，再利用下方的框選查詢功能，框定你要找房子的路段，比如說是莊敬路以南、大興西路以北、南崁溪以西的這個區域，這時圖面會出現好幾個寫了數字的紫色圓圈，各代表了圓圈附近剔除顯著異於市場行情物件後揭露的一年內成交物件筆數，此時，我選擇以桃園展演中心為中心點的那個框（當然，你對那一帶也不能完全不熟悉，否則也許連展演中心的位置也猜不到）。

Step 3

按下紫色圓圈後，展演中心附近的交易物件會按交易年月先後，由近而遠地陳列出來，除了物件位置，你依序還可以看到成交的總價、單價、面積、型態、屋齡及樓別樓高，不過由於你只看得到物件的區段位置或區段門牌，所以該物件到底是位在哪個社區或大樓

先找到桃園市桃園區

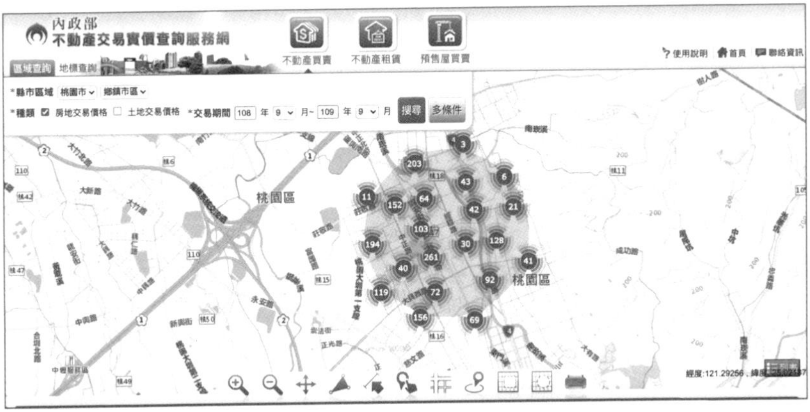
內政部
不動產交易實價查詢服務網
不動產買賣
不動產租賃
預售屋買賣
使用說明
首頁
聯絡資訊
區域查詢
地標查詢
*縣市區域 桃園市 鄉鎮市區
*種類 房地交易價格 土地交易價格 *交易期間 108 年 9 月~ 109 年 9 月
搜尋
多條件
桃園區
桃園區

把查詢範圍集中在桃園市藝文特區一帶

裡，就有賴住在那裡的親友，或是仲介經紀人幫你探索了。

在這裡，你可以選擇位置、價格、房子新舊及樓高合意的物件，點擊之後，你還可以看到物件的交易明細及歷次移轉明細，交易明細裡可以看出物件的使用分區編定，主建物、陽台、雨遮面積各是多少？車位是坡道平面式的還是機械式的？位在地下第幾層？而歷次移轉明細，則紀錄了這個物件交易過幾次？每次交易的價格是多少？房地產交易登錄的很多貓膩（馬腳與漏洞），你得要從這裡才找得出來。

Step 4 拆算車位價格

從交易明細裡，你可以找到車位的面積與所在樓層，但是由於每一個車位面積不同、樓層不同，價格自然也不會一樣，怎麼拆算，是個學問。

我一直認為，實價登錄制度裡最難釐清的就是車位面積，因為最難釐清，所以也最容易被擁有資訊優勢的業者操弄。一位直轄市的地政局長直言不諱地說，灌水車位就是實價登錄最大的陷阱。

在實價登錄平台上，車位計算的複雜度又更高了，車位面積重複計算，誤大為小，或根本沒有計入的例子雖非比比皆是，也是時有所聞了。面對買方的時候，若要讓房價變高，就把車位變小，變便宜，如果面對的是賣方，必須設法讓行情變低，此時讓車位變大、變貴就是最好的辦法。

舉例來說，一棟交易總價二千萬元的物件，產權面積四十坪，但是沒有申報車位的面積與價格。在這個狀況下，實價登錄上登載的單價就會是每坪五十萬元（二千萬除以四十坪）。但是這個車位登記在權狀的面積是十坪，原本的買價是二百萬元，也就是說，二百萬元應該被拆分出來，房屋的總價就應該是二千萬元減二百萬元，再除以四十坪減掉十坪，物件的單價就應是六十萬元，一差就是每坪十萬元哪！

以剛剛搜尋的桃園區藝文特區附近案件為例，有一筆區段門牌為藝文二街一到三十號的物件，你可以在歷次移轉明細中，發現它一零六年九月上次交易時，每坪單價是四十五點一萬元，但一零九年八月第二次成交時，總價多了不到二十萬元，但是單價卻計成三十六點一萬元，總價變貴了，單價卻少了九萬元。仔細看了一下，會發現上次交易時把車位價格一百八十萬元拆分計算，這次卻沒有，才會讓單價一下子少了那麼多。

實價登錄平台資料完整，但是過多的資料如未能做系統化整理與應用，有用的「大數據」變成令人頭痛的「大量數據」，多少也會讓理想打折。更令人氣結的是實價登錄的「門牌」，還是以區段化區間揭露，雖然區段化區間已經由五十號門牌改成三十號門牌，資訊發布也由每月一次逐步改為每月三次，但是對非專業人士來說，內政部的不動產交易實價查詢服務網還是「減一氣」，因為門牌間隔三十號，行情也可能因為屋齡、屋型等因素相差五萬四千里，雖然在資訊參考價值與部分人士所謂的個人隱私權保障間找到平衡，卻也被虧是「做事半調子」。

從指定小區挑選條件合適的物件

注意拆算車位價格

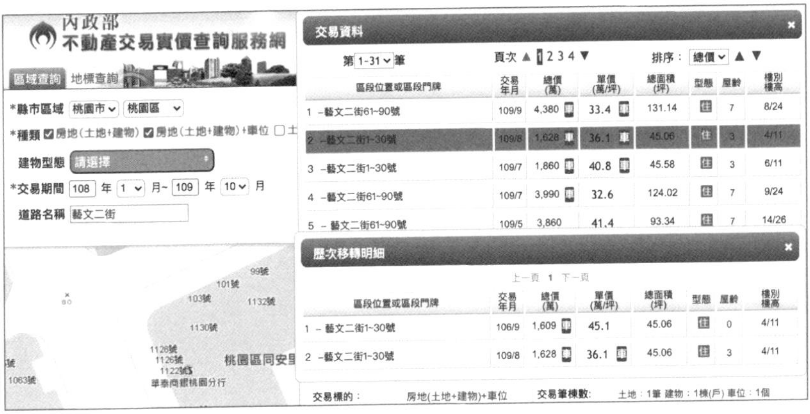
內政部
不動產交易實價查詢服務網
交易資料
歷次移轉明細
區段位置或區段門牌
1 －藝文二街1~30號
2 －藝文二街1~30號
交易標的：房地(土地+建物)+車位
交易筆棟數：土地：1筆 建物：1棟(戶) 車位：1個

這半調子，就成了投機客與黑心仲介業者合謀生財的大漏洞。我請一位房仲友人去調了新北市新店區知名社區「玉上園」近一年的成交資料，赫然發現「玉上園」在實價登錄上登載的成交單價從四十二萬到六十二點九萬元都有，每坪單價一差將近二十萬元。怎麼回事？

原來，有些交易資料是加計車位的，有的是帶裝潢的，只是因為計算房價的標準不一，因此很多物件的價格才會差這麼多。此外，同樣是新店市寶橋路七十八巷，玉上園社區裡就有好幾個門牌號碼，有的成交物件面對北二高新店交流道匝道，有的擁有高樓層景觀，條件不一樣，價格也不一樣。在你被四十幾萬到六十幾萬的行情弄得心慌意亂時，仲介經紀人如果又刻意只挑成交行情高的物件給你看，你會不會被誤導，而用高樓層景觀戶的行情，去買一間面北二高座向的低樓層物件？

房仲友人另外告訴我一個才發生不久的案例。有一組購屋客想買台北市捷運南京復興站附近的房子，基於信任與求心安這兩個理由，找上了一家連鎖仲介體系的店頭幫忙，在這家公司的經紀人口頭告知行情，帶看了幾間房子後，就看上了一間公寓頂樓物件，付了七位數的訂金。

但此時買方覺得經紀人給的行情似乎不合理，才又去探訪了其他仲介公司，一查才發現經紀人給的實價登錄物件不是位在一樓的，就是有頂樓加蓋的公寓頂樓，行情當然比較貴，而他要買的那間是沒有頂樓加蓋的公寓頂樓物件啊！這還沒完，復興北路兩側，一邊是敦化國中、小學區，一邊不是，所以行情差很多，購屋客要買的房子位在非敦化學區這一側，經紀人提供的行情資料卻有很多是敦化學區那一側的，結果買主被篩選過的價格誤導，竟用了每坪將近八十萬的價格，買了屋主委託價才六十幾萬的物件。

類似的故事，如今無時無刻不在你我身邊發生，到了第二章，我們會說得更多。

各大房仲公司的官網，都有結合該品牌成交行情與內政部實價登錄成交行情的實價登錄專區，在訴求「門牌完整揭露、自售預售屋全面納入修法」的「實價登錄2.0」第一次闖關失敗後，保證成交行情揭露到門牌的永慶房屋，其官網更有參考價值。試想，玉上園社區的實價登錄如果可以揭露到門牌，你起碼可以知道物件是不是在鄰近北二高匝道的那幾棟裡，也不至於出一個未來時時想起都要痛心的價格吧？

而實價登錄比價王這個網站這一、兩年也算得上異軍突起，我經常上這個網站查詢資料，發現它有幾個好用的地方。

第一，網站會把實價登錄相似度百分之九十九的物件都搜羅出來，列給你看。

第二，會把前屋主的成交資料從實價登錄平台整理出來，列給你看。

第三，根據三百萬筆社區的開價及成交價資料，計算出某一個社區的議價率。

第四，把家裡不同成員想看社區的房價、區位、生活機能做比較，讓家人在線上比較與討論。

實價登錄比價王有許多值得推薦的功能

實價登錄比價王好用的幾樣功能

彙整比對全台 50 萬筆待售房屋、250 萬筆實價登錄，提供最透明的房價
買賣房，
房價一定要求證！
向房仲唯一指名
「實價登錄比價王」
揭露門牌的
真房價
一次比較
各家仲介開價
一站比較所有仲介開價
不再辛苦
每個網站查找
房屋價格履歷
從房屋上架開始
完整記錄
每次價格異動
房屋成交履歷
歷次實價登錄交易紀錄
清楚知道
前N手賣多少
選擇房屋
選擇的預算是 0 ~ 1000 萬，共找到 1,974 間房屋
台北市全區
0 萬
1000 萬
比價去

但是懂得使用實價登錄的人，在台灣的買賣屋人口裡也只占了一小部分，許多人不會或不習慣上網，還是習慣從相關專業雜誌書刊，以及報紙的房地產相關報導上擷取資訊。受訪或提供訊息的，除了建商與代銷公司老闆，或負責案場銷售的專案經理外，包括住商、信義、永慶、中信與台灣房屋等連鎖仲介體系也都會根據內部數據進行統計分析，並將分析報告改寫成新聞稿發布。

這些房仲公司的數據資料很龐大，也極富有參考價值。房屋仲介業者的角色，是買方與賣方之間的橋梁，經紀人不宜，也不應該讓自己變成買或賣當中一個角色。早年，在房仲還被稱為「牽鉤仔」的時代裡，在買方與賣方間走闖，壓買方出價，拉賣方出價，在成交資訊不透明的時代裡賺取價差，是外界對這個行業的普遍認知，但是在業者自律、自覺，利用引進美式及日式仲介制度，主動推動不動產經紀業管理條例完成立法之後，從業人員形象提升不少，而不會刻意倒向買方或賣方立場的角色，也讓這些公司對市場走勢的發言相對公正客觀。

不過一旦仲介公司沒有站在天平中央的決心，那麼這個原本被賦予的發言權就會變得極其邪惡。他們應該是被信賴的，卻利用消費者的信賴，去操控價格，從你買房子或賣房子的心願裡偷些可以變賣成現金的東西放進自己口袋，行不義之勾當。

揭穿這個黑幕的是前某大房仲體系副總經理房孝如，他因為覺得那家公司「不再努力讓交易變得更公平，讓消費者與之打交道會吃虧」後選擇離開，自創了房仲品牌，也在大專院校教書。房孝如在著書裡揭露了房仲業者透過媒體散發不實價格資訊的行徑。這件從未被公開過的事情，讓曾經在報社待了六年，經常會按著房仲公司發布的新聞稿改寫成隔日報紙新聞的我無比心驚。

他在書中舉例，說二零一四年十二月六日的經濟日報，曾經根據某家房仲公司提供的新聞稿，登了一篇台北市文山區的房市報導，報導內容摘錄如下：

「台北日內瓦屬樓中樓設計……每坪五十萬至五十五萬元，環境清幽，是文山區少數有百坪以上的大坪數產品；「臻園」為純別墅區，擁有一到四樓近百坪的透天別墅產品，每坪五十五萬至六十萬元間……「夏木漱石」為早期建案，具大小坪數產品，有透天別墅及公寓，因十八年屋齡較久，所以單價不高，透天產品價格更為親民，每坪約四十五萬至五十萬元左右，可輕鬆入主。

房孝如上實價登錄網站一查，才發現「台北日內瓦」將近兩年內沒有一筆成交物件的價格，是在五十萬到五十五萬元之間，「臻園」的成交價被「膨風」了百分之二十五，「夏木漱石」的成交價介於三十八萬到四十六萬元間，都比被發布在報紙上的成交金額低了一些。房仲業者透過媒體把區域行情說得高一些的目的是什麼？就是拉高你的出價金額啊！

如果沒有事先查找文山區政大一街附近的實價登錄成交行情，盡信了黑心房仲業者散布到各媒體的訊息，而媒體又沒有善盡把關之責，照登且被你看到了，你是不是就出了比一般成交行情更高的價格，買貴了房子，還幫忙業者炒高了那裡的房價？

如果我說，這個情況即使到了現在，仍然時時刻刻在發生，你相信嗎？別懷疑，這就是我在這一節寫道過的：「經紀人會把實價登錄中單價較低的物件挑出來給賣方參考，壓縮賣方出價期望值，相對的，也會把單價較高的物件篩選出來，提供給買方參考，讓買方錯以為成交行情都在這個水位以上。」許多黑心仲介會在不動產說明書附上的成交行情動手腳，操控行情，影響買方的出價策略，目的只是為了拉高買方的出價數字。如果你不會查詢，或是沒有時間查詢實價登錄網站的成交資訊，找一家標榜不篩選實價登錄成交資訊，不會只給買方看較高行情，給賣方看較低行情的仲介公司，應該是比較妥當的選擇。

都說實價登錄登場，不實房價退場，是這樣嗎？實情是，由於你已經鬆懈了心防，黑心房仲經紀人與投機客的聯手炒作之舉，才會「所到之處，寸草不生」啊！

看見了環境與品質都合意的好房子，也走出區域房價的迷霧之後，你可以準備出價了。

你可以透過實價登錄查到物件成交行情，但是畢竟它是來自別人房子成交金額的參考值，我到底該出多少錢買這間房子呢？地產業界的估價人員通常會用市價比較法、租金回溯法與成本估算法三種方法估價，都適合學來用嗎？也不盡然，我的估價師朋友建議，一般消費者還是使用相對容易用的市價比較法比較實際。

如何使用市價比較法算出房子的真價值？

首先，把你中意的物件基本條件一一列出來，這些條件又包括兩類，一是主觀條件，請陸續在後方標明座落地點、開價、坪數、屋齡與屋型，二是客觀條件，請標上樓層、公設比、格局與座向等等。

其次，找出若干間條件相近的物件列上去，如果是實價登錄平台上的物件更好，如此一來，就可以推算出周邊物件近期成交單價。所謂條件相近，指的是屋齡相差最多不超過兩年、距離五百公尺內，迫不得已也不要超過一公里、行情資料一年內的物件。此外，基地規模、公設項目與公設比這三個條件，也儘量選擇相近的。

接下來，請你親自走到各比較物件的現場去看看，把周遭環境、生活機能及自己的感受與想法逐一記載在比較表上。

勘估標的與比較標的個別因素比較調整分析：

主要項目	次要項目	勘估標的	比較標的一	調整百分率	比較標的二	調整百分率	比較標的三	調整百分率
建物個別條件	建物結構							
	屋齡							
	總價與單價關係							
	面積適宜性							
	採光通風							
	景觀							
	產品適宜性							
	樓層位置							
	內部公共設施狀況							
	騎樓狀況							
	管理狀況							
	使用管制							
	建材							
	建築設計							
	商業效益							
	小計							
道路條件	面臨主要道路寬度							
	道路種別(主幹道、次幹道、巷道)							
	道路鋪設							
	小計							
接近條件	接近車站之程度							
	接近學校之程度(國小、國中、高中、大專院校)							
	接近市場之程度(傳統市場、超級市場、超大型購物中心)							
	接近公園之程度							
	接近停車場之程度							
	接近鄰近商圈之程度							
	小計							
周邊環境條件	地勢							
	日照							
	嫌惡設施有無							
	停車方便性							
	小計							
個別因素調整百分比率								

資源來源：估價業者提供

最後，就是坐下來推算比較了，這個部分就專業一些了。第一個步驟，建議從屋齡上著手，同一個區域條件類似的房子，不論是預售屋或成屋，每隔一年的價差大約是百分之一（有時候兩年才會相差百分之一，公寓則可能每五年調百分之一），因此，假設五年屋齡的中古屋行情每坪是一百萬元，同一個區位裡條件類似的預售屋行情就會這麼算：

一百萬（每坪行情）＋五（年）×百分之一×一百萬元，答案是一百零五萬元

而同區位裡條件類似，屋齡為十年的中古屋，行情計算方式會是這樣：一百萬（每坪行情）－（十年－五年）×百分之一×一百萬元，答案是九十五萬元

上面這個算式，並不適用在屋齡超過十五年的物件，原因是土地會增值，但是房屋會折舊，何況，就算是同一棟建築物，房價也會隨樓層高低而有高低之分。

如果你要買賣的是大樓物件，可以建議你用下面的方法，算出你

所在樓層的房價。首先，把四樓的成交行情找出來，然後從四樓往上推算，每三個樓層加價百分之二到三。假設鎖定的社區，四樓成交行情是五十萬，那麼五樓到七樓大約就會是五十一到五十一點五萬元，十一到十三樓約會是五十三到五十四點五萬元。

以上的市價比較法算式，在預售市場熱度超乎預期的時候，恐怕會有較大的偏誤。

決定你的出價之後，就可以付斡旋金或簽要約書，請仲介經紀人幫你去和屋主交涉。

這裡，我得跟你講第五個故事了。

第五個故事：自動斡旋　趕鴨子上架

有一對住在新北市板橋區的夫婦，結婚許多年之後，存足了頭期款，加上又得到先生的母親資助，於是準備到鄰近的土城，找一間坪數夠大的房子，不只兩夫妻與孩子，還把先生的媽媽一起接來，三代同堂，都有個照應。

他們委託一家連鎖仲介品牌幫忙，在土城尋找合適的物件。一找，找到了一間一百多坪的合併戶型中古屋。看過之後，一家人都滿意，商議後，決定出價四千五百萬元，並交付五十萬元當做斡旋金，請仲介經紀人與屋主議價。

不過經紀人告訴他們，屋主沒有同意他們出的價，隨後經紀人鼓三寸不爛之舌，以太太為目標，不斷遊說加價。太太後來同意出價四千七百多萬元，但強調說，這件事的決定權並不全在她身上，加價這件事必須等婆婆點頭，經紀人才可以用那個價錢與屋主議價。

哪裡知道第二天一早，經紀人就打電話給太太，說屋主已經簽收斡旋金了，這筆斡旋金順勢已經轉為訂金。

啊，不是說要等婆婆點頭了，再去跟屋主斡旋嗎？何況，仲介經紀人都還沒有提供不動產說明書和這房子的週邊物件成交行情給她，而婆婆後來也不同意她的出價呀！這對夫妻火冒三丈，用社群軟體傳訊息給該位房仲經紀人，但獲得的回覆卻是，他們如果反悔，五十萬元斡旋金將會被沒收，甚至還要賠償違約金。

令買方惱火的，是明明已經告知說，還要等一個人同意，才可以去斡旋，你們怎麼就跑去找屋主談，還說屋主同意了，買方不履約就要沒收斡旋金？但房仲公司咬定先生已經簽了授權書，授權太太簽署斡旋金契約，不能說他們欺騙買方啊！

斡旋金與要約書同樣是有法律效益，差別在於斡旋金是一筆錢，你可以支付一筆大約十萬元（並非定數）斡旋金，表達購買的意願或誠意，而要約書是一份契約，準購屋人不必拿出現金。

內政部頒布的「不動產委託銷售契約書範本」上，只附了要約書範本，顯見官方較傾向推廣要約書，但是實務上，由於斡旋金是一筆錢，屋主的議價意願會高一點，一旦談成，這筆斡旋金就直接轉為訂金，不過若是談成了又後悔，斡旋金可就直接變成違約金了。

要約書雖然同樣具有法律效力，但是對某些屋主來說，「誠意」就打折了。簽要約書雖然買方不必掏錢出來，不過如果違約了，仍然要賠償你出價的百分之三到百分之五當做違約金。

說到斡旋金，就不得不提單一斡旋與多方斡旋。單一斡旋是單一物件只能有單一買方洽談，不會有兩個以上買方、兩個以上斡旋同時洽談的情況，原則上比較可以防範一屋二賣的情況出現。但是單一斡旋對賣方來說選擇機會較少，會壓低你的售價。而多方斡旋，則是同時容許多組買方在同一個物件下斡旋，選擇的人多，買的人多，較有機會賣到屋主想要的價錢。

單一斡旋與多方斡旋各有優缺點，不過你也許沒有注意到一件事，配合投機客炒作的房仲業者大多傾向使用單一斡旋的形式，因為「低買高賣」是這種分工模式的最高指導原則，而要運作這種翻倍獲利的生意，在單一斡旋的制度裡會容易得多。

「低買高賣」是黑心仲介業者與投機客聯手偷走屋主賣屋利潤的標準套路，到了本書的第二章，你會聽到更多故事。

斡旋的時間，建議以四十八小時為限，最長也不要超過三天。

是賣房契還是賣身契？——貓膩藏在特約條款與付款條件

一趟人生，我們會簽下多少約呢？簽過的合約裡，有幾份你是從頭到尾一字一句看過的、思慮過的與思考過的？我看過這樣的形容：不平等的社會裡，所謂的「合約精神」，就是「弱肉強食」。這種說法也許極端了，但是如果不懂得保護自己，你也怪不得那些「強食」者。

動輒攸關數百萬、數千萬甚至上億元的房地產買賣合約，算是最難看懂的合約之一了，偏偏這份合約要是簽出了差兒，代價又是那般昂貴。才會說，簽房屋買賣契約，就算不多帶顆心，也要多帶副眼鏡。

幸好教你簽約的書，總是找得到的，想看懶人包，這裡就是了。

1. 簽約建物門牌須和你看的房屋一樣。
2. 土地及建物謄本必須是當天的。

雖然付斡旋金或定金前已看過土地、建物謄本，但在簽約時仍須再調閱當天的土地及建物謄本，產權或借貸設定中途有異動，也就是發生假扣押、假處分等限制登記情事。

3. 確認簽約人是否為所有權本人；若本人未能出面，應提出授權書。

4. 了解房屋是否仍有租約存在，以免因買賣不破租賃，無法交屋。

5. 各項稅費及其他費用負擔必須記載清楚，通常買方須負擔契稅、代書費、登記規費、保險費（火險及地震險）、貸款代辦費；而地價稅、房屋稅、水、電、瓦斯、管理費則一般以交屋日為分算日。

6. 附贈設備須註記清楚，以免衍生交屋糾紛。

7. 若建物含有車位，須注意車位能否單獨移轉。

8. 交屋日應約定清楚。

9. 應請承辦代書確認賣方抵押權借款金額及實際應清償金額，並記錄於契約書上，同時應於特約貸款中明訂賣方抵押權債

務清償及塗銷之方式及期限。（作者整理）

簽約之前，一定要核對房屋身分，確認買賣標的確與土地、建物的謄本及權狀完全相符。就像懶人包裡寫的負責任的房仲業者在簽約時，會先去調當天的謄本，避免賣方神不知，鬼不覺地把房子拿去抵押了。

其實，內政部已經頒布了「成屋買賣契約書範本」、「成屋買賣定型化契約應記載及不得記載事項」，而大仲介公司的合約也努力保障了買賣雙方的權益，大多數契約條文的意旨也相去不遠，我覺得比較值得你花費精神的，會在「特約條款」與「付款方式」這兩處條文上。

根據《民法》三百五十四條規定，賣家必須對買家負起物之瑕疵擔保責任。擔保什麼？擔保出賣物不會滅失，或出賣物不會減少價值，所以海砂屋、壁癌、漏水、凶宅，都會讓出賣物減少價值，原屋主都必須負責。但是很多賣方會在特約條款中跟買方約定「現況交屋」，也就是他的擔保責任只會到房屋移轉交付給你之前，接下來房子出的問題，他就沒有責任了。

雖然法院有過判例，即使是契約上有加註現況交屋，只要買方在交屋後五年內發現瑕疵，並在半年內通知屋主，還是可以依法請屋主擔起瑕疵擔保責任，不過買方也必須有充分的理由，證明自己被隱瞞，有構成「陷於錯誤」的要件。

另一個要特別注意的地方是付款方式，約定什麼時候該付什麼錢，一定要思慮清楚，不要屆時該付什麼錢了，卻拿不出錢來。

我有個朋友，每天心心念念的就是買間房子。有天，他告訴我說，「我已經買房子了，你可以好好想想該送什麼入厝禮了。」我大吃一驚，因為這個朋友手上的現金有多少，我多少聽聞過，發願要買跟真的去買是兩件事啊，他不會搞不懂吧？

果然，買賣契約簽下不久之後，他就後悔了，因為他本來就沒有足夠的現金，只是仲介經紀人知道狀況後，不但沒有摸著良心勸退他，還建議他向銀行辦信貸。這位朋友離開仲介公司之後，腦袋才逐漸清醒過來，他想反悔，但是不僅定金要被沒收，還得賠償成交總價百分之三的違約金和仲介費，房子沒買到，幾十萬現金都要被沒收。

幸好，這件事由於兩方處理上都有瑕疵，後來雙方各退一步解決了。

所以，買房子的時候，每一個動作，每一筆錢都要盤算好，夢想會被偷走，許多時候你自己也要負責任。

最後一哩最難走

交屋學問大，小心直把如花當青霞

買房子的最後一個流程就是交屋了，我們不妨回頭看看書裡第一個故事裡那對夫妻遭遇的後半段。

……買方入住前和房仲公司派來的人一起驗屋，不驗還好，一驗可就教人變臉了。原來，房子的主臥室有壁癌，浴室和客用衛浴也漏水。買方自己又找來第三方驗屋公司，發現整間屋子的漏滲水問題非同小可，裝潢板材底下到處是水痕與白華，驗屋公司告訴兩夫妻，你們可能被詐騙了！

房子老有房子老的問題，這個兩夫妻可以接受，但是刻意用裝潢掩飾，企圖欺瞞買方，就不能原諒了。誰是主導騙局的人？是屋主、仲介經紀人，還是屋主與仲介根本是同一個人？兩夫妻告訴媒體，帶看當時，仲介公司保證房子是全新修繕的，買賣契約書附上的標的物現況說明書裡，也完全沒有勾選滲漏水、壁癌、鋼筋外露等問題，這不是勾串，就是自己人掩護自己人。

跑了那麼多年房地產新聞，自己也買了幾次房子，不能不說到了交屋才出問題的買賣，還不少，都到最後一關了，不令人扼腕嗎？

我們來看看這個幾乎集所有買方受騙上當情節之大成的故事裡，買方做錯了什麼嗎？我回頭把兩人接受媒體採訪時的影音檔看了一遍。

這對年輕夫妻結婚後一直住在小套房裡頭，好不容易存足了錢，透過仲介公司在台北市郊買了房子，一直到交屋前，才發現這間房子就好像白雪公主故事裡壞心腸王后手上那顆蘋果，明明已經被抹了毒，看起來還是鮮紅欲滴，不禁想咬一口，一咬，才發現滿口是毒了。

受訪的太太說，簽約之後三天，就和仲介公司相約去驗屋，發現房子裡到處都是漏水的痕跡，他們把有瑕疵的地方都用紙膠帶標示起來，但二十天後再回去看時，發現那些標示的地方都已經被油漆覆蓋了，買方依驗屋公司建議，要求開水測試五天。但是開水驗屋期間，賣方似乎還請人到屋裡，用油漆及矽力康填補或粉飾漏水的地方。測試五天之後，三方再會同驗屋，這次驗屋公司用內視鏡伸入沒有留維修孔的天花板內一看，才發現房子的滲漏水問題與壁癌問題都很嚴重，應該依用戶用電設備裝置規則，用防火質材包覆的電線與接地線都不符規定，驗屋報告一片紅字，不合格的地方竟然有十幾項。

對買方來說，這真是情何以堪？仲介公司在這件事裡善盡其義務了嗎？彼與屋主之間如果沒有特殊關係，為什麼不動產說明書上對這些瑕疵隻字不提？

當然，我們也很清楚的一個狀況是，如果是賣方不肯配合搬開家具、撬開天花板，或刻意隱瞞物的瑕疵，仲介公司也無從探知實情，但很多狀況是仲介經紀人與屋主是一掛的，是投機客與黑心仲介掛勾下的合作夥伴，如此一來，相互掩護，各有分工，買方想要從這個圈套裡全身而退並不容易。

把這對夫妻的故事重提了一遍，是要讓各位有所警覺，買房子這件事最重要的一哩路，是最後一哩，這哩路，請走得謹慎，走得小心。

第三方驗屋公司的經驗、專業與精密儀器，可以讓驗屋這件事做得輕鬆而全面，但是驗一次屋，費用通常都要一、兩萬元，要不要花這筆錢，端視每個人不同的預算與考量。你也可以自行驗屋，網路上谷歌一下，一定能找到好用的驗屋檢查表，照著上面的項目逐一檢視勾選，也可以把驗屋這個程序走完。要不，如果可以，請帶著你的專家朋友一起去吧！

賣屋流程表

①評估時機

②定價格

③專任約或一般約？

④收斡

⑤議價

⑥簽約

⑦用印

⑧過戶

⑨交屋

Chapter 02 你要賣房子嗎？看這裡！仲介也許是幕後的玩家！

寫完本書第一章後，我放了自己一天假，到經常去的敦化南路巷內一間耳鼻喉科診所看呼吸道的症頭，出了診所，一抬眼，就望見了前不久才被仲介公司用超低價賣掉的那間公寓。

那間公寓的屋主是位老太太，因為委託的仲介公司經紀人把物件冷凍了許久，又在提供的參考行情中，把另一個行政區的物件實價登錄成交價混充進來，害她以為自己賣貴了，最後竟然用很低的價錢賣掉這間房子。知道自己賤賣了房子後，她百般懊惱，但木已成舟，也莫可奈何了。

老太太的房子在台北市的蛋黃區，雖然在巷子裡，但生活機能好得不得了，這樣的物件卻被老太太指證歷歷，說被仲介公司冷凍了好久，還用幾近脅迫的方式圍攻她，逼她降價，賤賣房子。

我在這條小時候搭校車時會經過的巷子來來回回繞著，除了房子舊了以外，找不到它在仲介店頭擺了一年多，卻「連隻螞蟻都沒有爬進來過」的理由。我不能想像急著賣房子的老太太要如何度過那些漫長而窘迫的日子，如今回想起來，和「敦化南路的房子被賣成臥龍街價錢」相比，也許等不到一隻螞蟻爬進來反而是好事呢！

老太太至少拿到了賣房子的尾款，這幾年還有許多人賣房子竟然賣到房子不見了。很難想像是吧？這些人的房子被詐騙了，買方只付了少少的訂金，房子就被過戶了，到頭來沒了房子，還背了一身債，至於買方呢？他或許已經逃之夭夭，甚至只是個人頭。

這麼荒謬的事，卻真的發生了。寫第二章的故事時，這些被偷走了房子或偷走了賣價的屋主臉孔，不時會浮現出來。都說，買房子的人是弱勢，但是賣房子的人不時也是弱勢一方。我寫他們的故事，不只為了要伸張正義，更希望想賣房子的人都能從其他朋友的教訓中，得到可以保護你自己的領悟。

決定怎麼賣，房子的命運也被決定了
專挑自售屋主下手，世紀詐屋案讓你有房變沒房

Tips

1. 自售，小心房子賣到不見了
2. 人多的地方一定好？請慎選售屋平台
3. 履約保證不是絕對保證！
4. 買方出價阿莎力不一定是好事

這一章的開頭，就要說一個世紀詐騙案。看過這個令人匪疑所思的詐騙案件之後，你不得不相信房子賣一賣也能賣不見了的荒誕情節，竟然比大衛・考柏菲的魔術更離奇，功力（或稱騙術）也不相上下。

揭穿這個世紀騙局的人叫林茂樹，福利汽車老闆，有個明星女兒叫薔薔，這個成功的二手車商人差一點兒就和同案五十幾個受害者一樣，房子都已經過到別人名下，才驚覺受騙上當了。

第一個故事：履約保證帳戶不保證

福利汽車董事長林茂樹二零一八年六月在五九一房屋交易網刊登一則售屋訊息，準備賣掉名下位在台北市大同區一間二房格局的房子，開價二千一百八十八萬元。

過了幾天就有買家來看房子，直誇有車位、客廳大、通風好，說是準備要結婚，過幾天會再帶未婚妻來看。果然，買方又來看過一次後，雙方即進入議價程序，議價沒有來回太久，就以二千萬元成交。買方也很快地就把二百萬元匯進設在國泰世華銀行的履約保證帳戶，請賣方備齊產權移轉登記所需文件辦理簽約事宜。

事情到這時候為止，進行得無比順利，林茂樹也許想過：「想不到賣房子竟然會比賣車子簡單啊！」

但是三天後的一通電話，卻讓喜悅煙消雲散。電話是國泰世華銀行的行員打來的，行員說，林先生，事情很奇怪，買方錢沒有進來，怎麼就要去辦過戶了？在商場打滾那麼久，林茂樹一聽心裡就有了警覺，不對，有鬼，用印和完稅的百分之十款項沒付啊！

他趕緊通知自己的代書，相約一起趕到地政事務所去寫異議書，當場就把對方跑去過戶這件事擋下了。走出地政事務所時，對方湊上去說會拿一百萬元出來，條件是請林茂樹封口。林茂樹沒理會，三天後就向中山分局報案，又在女兒陪伴下召開記者會，揭發這場騙局。

沒想到記者會過後，一個、兩個、三個有相同遭遇的人都找上了他，最後發現願意站出來共同揭穿的就有四十幾個人。

這些人在被自己也是集團成員，但是以中立第三方角色出現的沈姓代書說服後，多只拿到二成訂金，就交出權狀與印鑑證明，接著房子就被詐騙集團過戶，再由假買方拿去向地下錢莊借貸。經調查，其不法所得將近二億五千萬元。而事實上士林地檢署早在二零一七年時，就已依詐欺、偽造文書罪起訴過被指控為詐騙案主謀的陳姓人士。

二零二零年七月，士林地院依詐欺及偽造文書等罪，判了集團主謀六年徒刑，但是受害人想拿回被騙走的房子，還有一段長路要走。

超完美詐騙流程圖

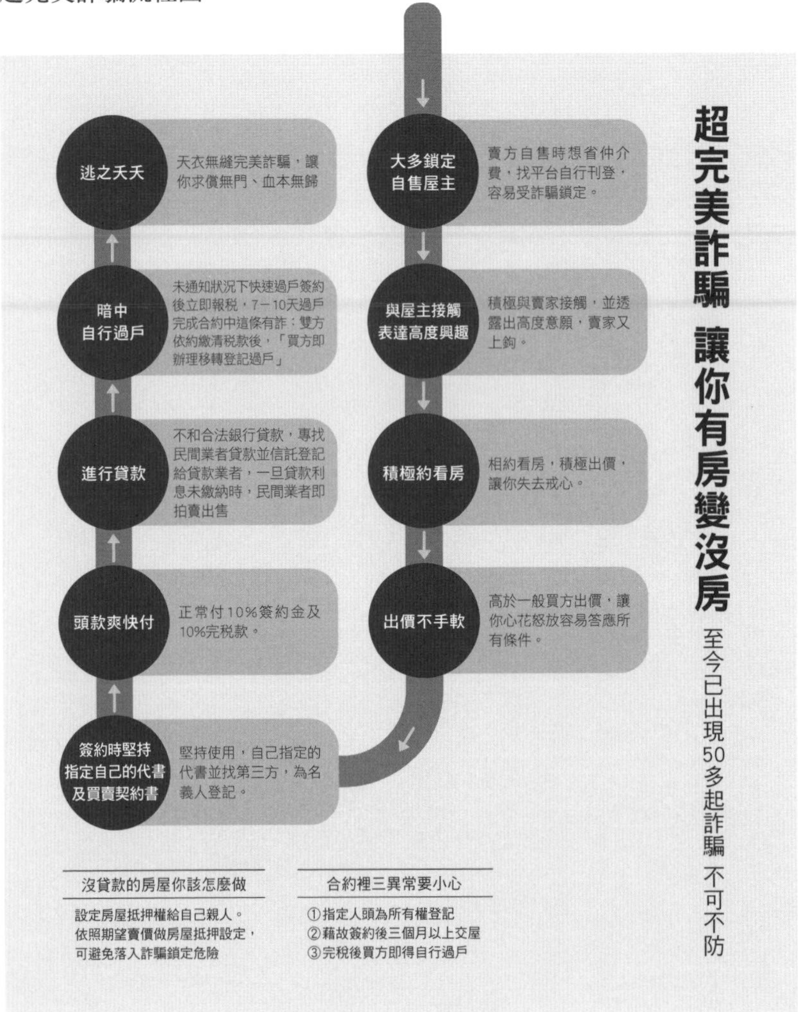
超完美詐騙 讓你有房變沒房
至今已出現50多起詐騙 不可不防
大多鎖定自售屋主
賣方自售時想省仲介費，找平台自行刊登，容易受詐騙鎖定。
與屋主接觸表達高度興趣
積極與賣家接觸，並透露出高度意願，賣家又上鉤。
積極約看房
相約看房，積極出價，讓你失去戒心。
出價不手軟
高於一般買方出價，讓你心花怒放容易答應所有條件。
簽約時堅持指定自己的代書及買賣契約書
堅持使用，自己指定的代書並找第三方，為名義人登記。
頭款爽快付
正常付10%簽約金及10%完稅款。
進行貸款
不和合法銀行貸款，專找民間業者貸款並信託登記給貸款業者，一旦貸款利息未繳納時，民間業者即拍賣出售
暗中自行過戶
未通知狀況下快速過戶簽約後立即報稅，7－10天過戶完成合約中這條有詐：雙方依約繳清稅款後，「買方即辦理移轉登記過戶」
逃之夭夭
天衣無縫完美詐騙，讓你求償無門、血本無歸
沒貸款的房屋你該怎麼做
設定房屋抵押權給自己親人。
依照期望賣價做房屋抵押設定，
可避免落入詐騙鎖定危險
合約裡三異常要小心
①指定人頭為所有權登記
②藉故簽約後三個月以上交屋
③完稅後買方即得自行過戶

資料來源：作者提供

1200億操盤手專為初學者寫的債券投資入門書

NEW

債券其實比股票賺更多！

唯一一本小說體的債券投資入門。作者30歲之前希望成為一個小說家，發表過短篇小說；接觸債券投資領域超過20年，而目前帶領之團隊操作債券基金金額達新台幣1,200億元。結合以上經歷，決定以創新的手法，寫一本債券投資入門。她創造一隻具有神力的貓，引導自己股票投資失敗的主人如何投資債券。讓你在津津有味中讀完全書，了解債券根本。

作者／安柏姐　定價／299元

圖解個人所得、房地產、投資理財、遺贈稅

艾蜜莉會計師教你聰明節稅

NEW

（2020最新法規增訂版）

你繳了冤枉稅而不自知？你想要「合法」節稅？但是如果你對個人相關稅制沒有全面性的瞭解，在大數據查稅的時代，你可能反而被補稅加罰金！本書讓你輕鬆瞭解稅法結構，掌握正確節稅訣竅。

2020年新增薪資所得費用核實減除、長照扣除額及境外資金匯回專法，並增加至25項節稅建議。

作者／鄭惠方（艾蜜莉會計師）　定價／320元

LA PRESS

語研學院

用最新的學習概念、高效學好外語

新書推薦

我的第一本日語慣用語

NEW

作者／奥村裕次, 林旦妃　定價／699元

・附音檔下載連結QR碼

史上第一本收錄最全面，使用範圍最廣泛的日語慣用語大全，超過2000個日語慣用語，涵蓋字面義與實際意義解說，以及真實對話的使用範例！讓你一次就徹底學會並可靈活運用！

我的第一本經典故事親子英文【QR碼行動學習版】

NEW

作者／李宗玥, 高旭銧　定價／399元

・附親子共讀經典故事MP3

用有趣故事培養孩子的英語語感，在閱讀的樂趣中自然記住單字、學會文法！因應時代進步，改版QR碼隨身學習版，家中沒有光碟也不怕，用手機就能輕鬆學習。

實境式照單全收！圖解日語單字不用背

作者／小堀和彥　定價／499元・附QR碼線上音檔

史上第一本「實境式全圖解」日語單字書！由日籍作者為你親自解剖當地日本人的真實生活面貌，多年實地經驗研製、現地取景，完勝一般在台憑空想像的模擬學習！

即將出版

在日實測！精準日本語

作者／小針朋子, 張恩濤　定價／499元

・附QR碼線上音檔

本書由長年在日本當地生活的兩位作者，在日本的真實環境下靠著實際的經驗寫出最道地、用得上的大量日語萬用句，22個單元、143個主題一本書就能幫助你應付在日本生活的大小事！

新制全民英檢初級聽力&閱讀題庫大全

作者／國際語言中心委員會　定價／550元

・雙書裝、附聽力測驗MP3＋QR碼線上音檔

全民英檢題目2021年即將改制！搶先熟悉考法，在改制後的第一次測驗拔得頭籌！本書共10回考題，並有詳細的解析與豐富的補充，與「整回分割」、「同題型分割」、「單題分割」三種版本音檔。

韓語學習No.1

我的第一本韓語課本

經典教材

作者／吳承恩　定價／399元・附MP3

韓語學習書排行榜第一名！簡單易學、最有口碑、快速打好韓語基礎的第一本韓語書。適用完全初學、從零開始的韓文學習者！一次同時學會韓語的「發音、句型、文法、會話」。

全新開始！圖解韓語40音

發音速學

作者／Key Publications　定價／360元

・附40音拉頁海報、練習冊、QR碼線上音檔

首創五線譜發音位置，嘴型對應字母，從造字原理到發音規則，學一次記一輩子，附40音拉頁海報一目瞭然所有發音，隨身練習冊，隨時練習兼複習。

全新！史上最強韓語單字

單字全備

作者／今井久美雄　定價／~~1200~~元　特價／699元

從初學入門到專業譯者都需要的10000個超詳細單字，全方位韓語單字書，更強、更便利、更齊全、更生活化、更專業，仔細考證的單字，即使要翻譯專業文件，也能安心查找引用！

韓語文法精準應用

文法精確

作者／閔珍英, 余純旻, 韓周景　定價／750元

第一線專門研究韓語教學的教育博士所撰寫，集結所有外國學生學習韓語時，經常會犯的經典語法錯誤！帶你分辨意義近似的詞彙、語尾，讓你韓語文法用得比韓國人還精確。

我的第一本韓語聽力課本

聽力加強

作者／趙才嬉、吳美南　定價／399元

・附MP3

國內第一本專門針對提升韓語聽力的學習書，主題式情境訓練法，每一課都能對應到實際的生活運用，不飛韓國，也能像在當地學習韓語的學生一樣，接受最專業的聽力訓練！

新韓檢中高級試題全面剖析

韓檢高分

作者／李太煥　定價／499元

・雙書裝、附QR碼線上音檔

全國唯一3~6級分級解析，可針對想考級數精確準備各級韓檢的備考書。把3級、4級、5級、6級的範圍全部依程度區分，考生可自行挑選想考的級數進行學習，不僅節省時間，也更加有效率。

國際學村

最專業的韓語學習書！暢銷外語學習書！

新制多益必備用書

扎實的聽力、閱讀訓練！

一次考到黃金認證！

新制多益TOEIC聽力解題策略＋擬真試題

作者／劉樹燃　定價／750元・附2MP3

先用「解題策略」剖析出題重點、提升解題效率、熟練常考字彙，再用「擬真試題」實際運用解題策略、看破考題陷阱、訓練應考手感，眾多考生提升分數有感推薦！學習一次到位，黃金證書一本搞定！

新制多益TOEIC閱讀解題策略＋擬真試題

作者／鄭在賢　定價／750元

只要一本，全部搞定！參考書＋試題本＝最全面的新制多益閱讀學習書。「解題策略」本教你真正實用的解題技巧，「擬真試題」本提供四回超精準的測驗，同時滿足兩種學習目標，獲得理想的分數。

新制多益聽力題庫解析

作者／Hackers Academia　定價／880元・雙書裝訂・附3MP3

10回1000題模擬試題，準確率超高，試題份量足，根據考試實況，以英美澳加四國口音錄製試題音檔。讓考生聽到不同口音的考題也不會一頭霧水！

新制多益閱讀題庫解析

作者／Hackers Academia　定價／880元・雙書裝訂・附1MP3

領先全亞洲！「新制多益」第一手實測分析！韓國最強多益破解機構，堅持每月入場應考，剖析真實出題傾向，全新編寫10回模擬試題！直攻多益900分絕對不是夢！

財經專訊　幫你一手掌握「理財金融、工作趨勢、經營管理」新觀念

最強基金操盤手的科學統計交易公式，學會「該買就買該賣就賣」不糾結

NEW

95%勝率的「兩倍標準差」股票投資法則

光是靠以下方法，作者就創造了雙位數的投報率。

1.找尋價格跌到平均價兩倍標準差以下的標的。
2.在技術分析、動能轉強時買進。
3.在技術分析、動能轉弱時減碼。
4.漲到正兩倍標準差時出清大多股票。

作者／陳曦
定價／250元

阿文師的快速致富指南

NEW

黑馬飆股操作攻防術

如果你一年可以存20萬，一年賺20%，才4萬，有很了不起嗎？有許多股票一年可以漲個好幾倍。你為什麼不試圖去掌握他們？本書告訴你那裡有最好的機會找到一年可以賺好幾倍的股票。買進他們，漲了賺到，沒有漲，持有一檔好股，其實也不錯。退可攻，退可守。

會大漲的股票通常出現在以下地方，本書用大量的案例告訴你，讓你身歷其境，你好像親眼看到樓起、樓塌。

作者／連乾文
定價／320元

唯一不影響工作的「投機」工具

100張圖學會外匯操作

「聖杯戰法」每年交易三次，新手也可以年賺20%；從開戶到投資策略，全部搞定。

炒股不如炒匯！為什麼？台股有1,700檔股票，但全球不過194個國家，而且不是每個國家都有自己的貨幣，研究起來，省事。24小時都可以操作，不會與你的工作衝突。更不必擔心遭到股市「主力坑殺」，你只要學會判斷一國貨幣的走勢強弱，就可以賺到錢。而且一國的貨幣，基本上不會變成壁紙，若不幸大跌，終會反轉，和股票可能不去一返不同。

作者／外匯聖盃團隊
定價／320元

交易醫生聰明打敗投資風險，從零開始期貨初學入門指南

NEW

100張圖學會期貨交易

本書由什麼是期貨開始，介紹如何選用下單軟體（至少要有停損、停利、鍵盤下單、變形功能），更向讀者介紹大量的操作方法（日內波段交易、剝頭皮交易、削到爆交易法）。而如果你用日內波段交易，有幾個重點：一天只做一個方向、用5分鐘K線、每天出手在3至5次之內。明確的說明，減少你迷途的時間。

很多人提出操作方法，但是到底有沒有用？以現在的科技，每天每種投資標的變動都被記錄下來，而作者充分的運用這項工具，對他提出的「意見」提供量化的績效評估。你看到的不是「好運」帶來的結果，而是經過資料庫核實的事實。

作者／徐國華
定價／320元

股魚教你紅綠燈超簡單投資術　投資外行也適用的技巧

暢銷

ETF大贏家

知名財經部落客 —— 股魚
繼《股市大贏家！明牌藏在財報裡》最新力作！！

任何人告訴你有簡單的「個股」投資，他不是笨就是騙。ETF是唯一不花功夫又有不錯報酬率的投資工具。股魚教你，用ETF配合景氣燈號，把年平均報酬率提升到12%以上。

不高？至少一年花幾個小時而已，達成率又好。也不怕買到地雷股。

作者／股魚
定價／330元

「睡美人概念股＋台灣50＋美股ETF」知名財經部落客教你如何三管齊下穩穩賺

睡美人投資法則

作者投資哲學首在降低投資成本，以ETF建構全球化的股債投資組合為主，並以增加現金流的優質定存股為輔，是買進並持有的長期投資人，也期許每位散戶都能成為自己最佳的投資理財顧問。

作者／張皓傑　定價／250元

財經傳訊　幫你一次進入「人文殿堂、完美溝通、勵志人生」新概念

能不能努力到底，大
世界菁英都是這樣改

你有多堅持，就

所有
慣其
窮操
思考
核活
你容
專心
系統

作者／高鶴俊
定價／399元

會用手機就會做！日
你從企劃、製作到網

如何在FB、You
IG做出爆紅影片

影片
且最
資深
快速
的製
團隊
馬上
只要
你也做

作者／中澤良直
定價／399元

創業投資×經營管
贏家必讀！未來10
100家企業之創新技

最強行業

在全球
的21世
機」才
你站在
產業領
全貌，
經營策
方式、
所在，
世界中的

作者／Nikkei Business
定價／450元

好書出版．精銳盡出

台灣廣廈國際書版集團
Taiwan Mansion Cultural & Creative

BOOK GUIDE

2020 財經語言 ・秋季號 01

知・識・力・量・大

＊書籍定價以書本封底條碼為準

地址：中和區中山路2段359巷7號2樓
電話：02-2225-5777*310；105
傳真：02-2225-8052
E-mail：TaiwanMansion@booknews.com.tw
總代理：知遠文化事業有限公司
郵政劃撥：18788328
戶名：台灣廣廈有聲圖書有限公司

電視媒體邀請林茂樹上直播節目揭穿這場堪稱完美騙局的媒體，他在節目上還原了這個詐騙集團涉案人面目及令人嘆為觀止的詐騙手法，媒體也整理了他敘述的險些受騙流程，畫了一張「超完美詐騙，讓你有房變沒房」的詐騙實戰流程圖。

這個根據媒體報導，以陳國帥為首，中華地政士事務所為根據地的集團，其實從二零一八年往前推算六、七年，就已經用同樣一套詐騙手法「偷」了許多人的房子。

他們鎖定五九一房屋交易網上的自售屋主為對象，因為自售屋主為了省仲介費，不透過仲介公司居中撮合，相對而言也就少了安全裝置。其次，被鎖定物件的貸款必須已經清償並塗銷抵押權設定，如此一來，銀行審核這個安全裝置也會被拆掉，且過戶之後要準備一筆錢代清償，一旦賣方被通知去領清償證明，事情馬上就會穿幫了。

誰來買這些房子呢？假買方從來不缺，以這個集團來說，就有員工專門扮演假買方，林茂樹指控，光是該集團一位林姓員工，就買過二十幾間房子，此外，他們居然還架設購屋網，徵求人頭。

到了簽約的時候，這些假買方會要求由他們指定的代書辦理所有權移轉(過戶)相關事宜，這時候，如今已經被依違反地政士法及地政士倫理規範除名的中華地政事務所沈姓代書就會現身，如果賣方還堅持自己找代書，賣方找來的代書說不定還會被恐嚇呢！

等到沈代書現身的時候，這張網已經織得更密，賣方也更難逃脫了。他們會讓賣方簽一份厚厚的合約書，合約書裡隱藏了眾多看似尋常，實則暗藏玄機的陷阱，比如說，買方只要付一、二成款項就可以辦理過戶、買方三個月之後辦理交屋等等，即使賣方稍有警覺，多問了一句為什麼要等三個月，得到的也就是要去美國一趟等等聽似合理的理由。

一般人買了房子，應該是迫不及待，等著交屋吧？詐騙集團要拖到三個月，是因為他們得要辦抵押權設定、信託給抵押權人、向銀行或錢莊借款，然後從容地逃之夭夭。

一點都不用懷疑，我早在參與這個事件的調查採訪之後，就已經起意用這個書名寫這本書的。要知道，每一間房子的背後都有一個辛

只要這麼做，他們就詐不到你

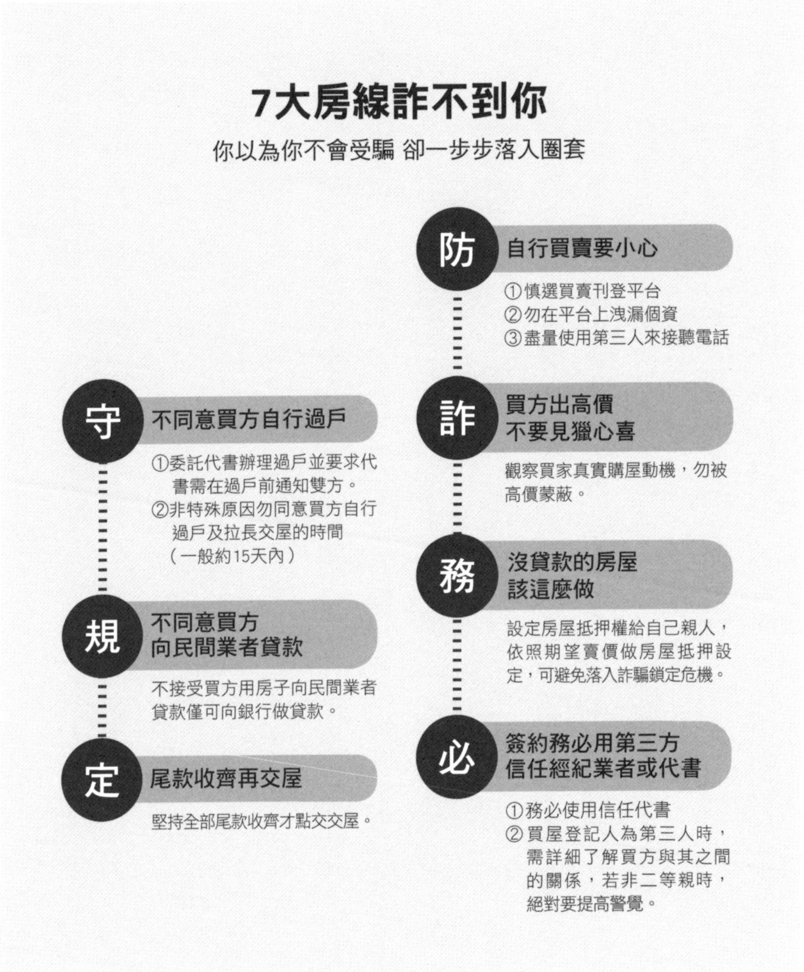
7大房線詐不到你
你以為你不會受騙 卻一步步落入圈套
防
自行買賣要小心
①慎選買賣刊登平台
②勿在平台上洩漏個資
③盡量使用第三人來接聽電話
守
不同意買方自行過戶
①委託代書辦理過戶並要求代書需在過戶前通知雙方。
②非特殊原因勿同意買方自行過戶及拉長交屋的時間（一般約15天內）
詐
買方出高價不要見獵心喜
觀察買家真實購屋動機，勿被高價蒙蔽。
務
沒貸款的房屋該這麼做
設定房屋抵押權給自己親人，依照期望賣價做房屋抵押設定，可避免落入詐騙鎖定危機。
規
不同意買方向民間業者貸款
不接受買方用房子向民間業者貸款僅可向銀行做貸款。
定
尾款收齊再交屋
堅持全部尾款收齊才點交交屋。
必
簽約務必用第三方信任經紀業者或代書
①務必使用信任代書
②買屋登記人為第三人時，需詳細了解買方與其之間的關係，若非二等親時，絕對要提高警覺。

資料來源：作者提供

苦與幸福交雜的故事，是成就，也是對人生的期望，想不到有一天屋主要賣掉它們的時候，錢才拿到一點點，房子已經不是他們的了，真是情何以堪？

這些犯罪嫌疑人從賣方準備要賣房子後的第一個舉動，也就是要自售，或是要透過房屋仲介公司幫你賣房子開始，就用二分法把賣方分了類。自售的，繳完了貸款又辦了抵押權塗銷的，房子最容易偷，是金雞母。至於交給仲介公司賣的，因為仲介公司會做產調，有規模的甚至從委託、銷售、簽約、用印、完稅到交屋都有人把關，鑽不出縫，那就碰都不碰它。

不論你對房屋仲介公司有多少成見，自從有了不動產經紀業管理條例規範與約束之後，除了本書裡一再提及的「賺價差」外，大多數從前被貶抑為「牽鉤仔」時代的不好作為都少見了，只要選對公司與經紀人，至少不會有房子都被過戶了，你還滿懷期待地等著對方把錢匯進戶頭的事情發生。

網路媒體也製作了一張「七大『房』線，詐不到你」的圖表，這張圖表非常實用，如果你正想賣房子，又擔心房子被騙走，請一條條看完它。

第一點，請審慎挑選刊登平台，人多的不一定是好地方。

第二點，聽到買方開了比你預期還高的價格，不要高興得太早，和房子一一順利詐騙得手之後的驚人利潤相比，開價只是一碟小菜。

第三點，就算貸款都還完了，也不一定要辦抵押權塗銷，讓有心人摸了底。而依照你期望的賣價，來做房屋的抵押設定登記，把房屋抵押權設定給自己的親人，也是防範自己落入陷阱的妙招。

第四點，若買方指定代書，賣方也可以找自己的代書，用雙代書的方式進行，自己信得過的代書，可以協助安全把關。另外要辦理價金履約保證，款項入信託專戶。

第五點，除不同意買方自行過戶外，合約中要約定，買方的自備款付清，且金融機構貸款金額確認，完成對保作業，才可以過戶跟貸款設定併件辦理，若買方不貸款，或貸款金額不足支付尾款者，過戶前就要將差額款項支付到價金履約專戶。

第六點，不接受買方用房子向民間業者貸款。

第七點，尾款沒收齊，不點交房屋，這一點要堅持。

林茂樹說他算是買賣房子極有經驗的人了，連這樣的人都差一點被騙了，何況是沒有太多經驗的屋主？有人賣房子賣到房子沒了，現在還揹了一身債。

所以，你可以選擇用自售的方式，省下仲介費，也許屋主也會多放一點價格給你，但是一路若有風吹草動，你都得提前聞出氣息。當然，找品牌與規模較大的仲介公司幫你賣房子，除了有團隊聯賣、精準配對、漏水等保固保障外，最大的好處是有心人偷不走你的房子。

如果你夠細心的話，會察覺「薔爸」林茂樹踢爆的集團式詐騙事件裡，假買方確實支付的第一筆款項(二百萬元)是匯進銀行履約保證帳戶裡的。照理說，履約保證是由公正第三方機構監督雙方付款與過戶流程，再執行價金收受與撥款的制度，理論上應該可以防範房子被偷偷過戶，但在賣方還沒有收到錢的狀況，林茂樹的房子怎麼差點就被順利偷走了呢？

履約保證出包的事，還有牽扯金額更大，更讓你瞠目結舌的事例，後面再一起說。

賣多少，才合理呢？黑心仲介勾結投機客，我的房子被賤賣啦！

Tips

1. 參考實價登錄出價，但小心選擇性揭露
2. 你可以任性開高價，但小心經紀人把房子「冰起來」！？
3. 專任約好？一般約好？
4. 低買高賣，投機炒作標準套路
5. 一個人去簽約的風險

第二個故事：長期冰凍物件　仲介集體霸凌賣方

現年七十三歲的王亞因是在三十七歲那年從高雄搬回台北，並住進了敦化南路巷子裡那間四樓公寓的。當時，房子還是簇新的，一樓人家庭院種著蒽鬱的大樹，環境真好，而她一住就是三十五年。

想不到三十五年之後，這房子像被下了詛咒一樣，為她帶來一場痛苦的人生歷練。加諸她痛苦最多的，竟然是一直信任的某個房仲品牌多位經紀人。

二零一七年，由於家裡有些財務上的小變故，王亞因不得不起意賣掉這間台北市黃金地段裡的公寓，搬到遠一點的地方，減輕一點壓力。她先找了幾家仲介公司一起賣，沒多久，鄰居介紹另一家仲介公司的經紀人給她，說這個經紀人也是住斜對面的鄰居，業績做得很好。

根據王亞因的說法，這位經紀人在鄰居說要介紹給她認識後幾分鐘，就出現在公寓門口，他遞了名片上來，唔，是連續幾年的百萬經紀人，業績在公司上萬個經紀人裡，是百名以內的，這不是上天送來的禮物嗎？經紀人說，他只做專任約，不簽一般約，這有什麼問題？王亞因陸續就和其他經紀人解約，和這位百萬經紀人簽了專任約。

該出什麼價錢呢？這條巷子是燙金門牌啊！百萬經紀人建議她，就開二千六百八十萬，是個吉利的數字，王亞因也欣然接受，她揣想，如果真的可以用這個價錢賣掉，一定要包個大紅包給這位恩人。

可是簽了專任約之後，一星期、兩星期、一個月、兩個月，百萬經紀人都沒帶人來看過房子，接下來七個月、八個月，甚至一年過去了，也幾乎沒有動靜。她碰見百萬經紀人，問起怎麼連隻螞蟻都沒爬進來過，對方只是笑笑，沒有回應。

這一冰凍，是一年又一個多月，接著，才終於有了動靜。

這天起，百萬經紀人接連帶了三組人來看房子。王亞因永遠難忘那一天，天氣很冷，經紀人打電話來，匆匆忙忙說可以談一談了，王亞因隨隨便便披了件衣服就連忙出門，坐上了經紀人的車，走進一間房子，然後被帶到一個小房間，此時她才發現仲介公司那一方除了百萬經紀人之外，還來了三個人，一坐定，她就發現自己被圍起來了。

不待寒喧客套，仲介經紀人就說有買方開價，每坪六十四萬，王女士你賣不賣？怎麼回事，我是開二千六百八十萬，一坪八十六萬啊！

經紀人不疾不徐說，隔壁的法拍屋最近成交，就是一坪六十四萬。法拍屋？王亞因生氣了，她的是「正常的房子」，不是法拍屋喔，她怎麼可能答應？不答應？經紀人們此時拿出一張實價登錄行情表給她看，但是這張表上選列的成交物件，很多都在市民大道以北，看起來似乎符合「標的周邊方圓五百公尺」的條件，但是市民大道南側和北側就是兩個行情水準不同的區塊呀！

在幾位經紀人輪番夾攻下，王亞因漸漸無法招架，她腦筋一片空白，心裡想著，難道我真的賣太貴了，才因此一整年都沒有人來看房子？面對四個咄咄逼人的年輕小夥子，她必須找幫手，但一時間一個可以幫的人都想不起來，她只好打開手機的社群軟體，向弟弟求救，但唯一能伸出援手的弟弟，彼時正在廈門，根本趕不來救火。

弟弟只能用傳訊息問，她希望賣什麼價錢？經過仲介經紀人一番死纏爛打，王亞因竟覺得每坪開價八十六萬是自己理虧，她因而回答：「我希望能夠有七十一萬。」可是她連這個價錢都賣不到，因為經紀人的攻勢一波接著一波來了。

她努力想把價錢抬上來些，先是六十五萬，再是六十六、六十七萬，一陣僵持後，她連七十一萬都講不出口，只說，我想賣六十八萬。經紀人向電話另一頭的買方詢問，買方硬是不答應。此時，王亞因如一隻困獸，她想掙脫，站起身說「我不賣了」之後就想往外走，但是經紀人們擋著，她動彈不得。「買方剛剛賣掉一棟四千多萬元的房子，手上有的是現金，可買可不買喔！」買方手上有四千多萬跟我有什麼關係？現在是你們和買方聯手，緊抓著我銀行還有上千萬房貸的壓力，要我就範，不是嗎？

她又餓、又累、又冷、又怕。從中午開始，在這個形同被軟禁的小空間裡，她起碼已經被困縛了三個小時，連廁所都沒去過。那位百萬經紀人呢？他哪裡還是那個謙恭有禮的年輕人？王亞因說，他已經把我當成了獵物。

最後，這隻獵物放棄抵抗，同意用每坪六十七萬，總價二千一百萬元的價格賣掉房子。

這個故事我們先說一半。如果你委請仲介公司賣過房子，對到仲介公司裡與買方進行價格折衝的過程應該還有記憶，通常買賣雙方會先各被安排在一個房間，由經紀人或店頭其他相關人員居間傳話，買方想砍多少，賣方能放多少，要先經過第一波討價還價，等價格接近了，或說定了，兩方才會見面。

這是促成交易的必經流程，無可厚非，但是在這個故事裡，王亞因先被仲介經紀人用選擇性揭露實價登錄行情的小動作矇騙，再被四個仲介經紀人近乎軟禁一般長時間圍攻，導致陪她度過三十五年光陰的房子被賤賣了。

在這部分故事情節，黑心的仲介經紀人有三個地方對想賣房子的屋主上下其手。第一，王亞因的房子的確老了、舊了，但是地點非常好，想要直接壓低賣方出價並不容易，因此，不如就讓她出一個可博取歡心的高價吧！

但是，我懷疑仲介經紀人的計畫，卻可能是「簽專任、估高價、冰起來」，把這個房子放進冰庫，其他仲介公司也吃不到。

等時機到了，賣方對價格的信心都磨光了，就進入「低買收割」階段，也就是儘可能壓低賣方出價，壓低賣方出價的手段很多，仲介行話裡就包括前殺、側殺、借刀殺等不一而足，但這些都是議價的基本手段，實價登錄制度上路之後，本來可以讓價格透明化的實價登錄平台，也成為業者操弄賣方的工具，而實價登錄這套工具還有「官方認證」，效果更好。

我在前一章裡提過，虛構、偽造、扭曲等造假手法正摧殘著我們信任的實價登錄，不只宰殺買方，也宰殺賣方。宰殺賣方的兩種方法，一是利用塗改等方法加工，虛構或以模糊手法扭曲實價登錄數據，二是隱藏或選擇性揭露實價登錄資訊。這兩種方法的目的，都是讓賣方看到較低的成交價，拉低他對賣價的期望，王亞因碰到的狀況就是最好的例子。

看了一下仲介經紀人提供給她的實價登錄行情，會發現有幾件是八德路二段的物件，成交單價最低的僅五十二萬多，畢竟該物件都已經在接近八德路與復興北路口的巷子裡了。此外，的確也有物件是在敦化南路一段上，但是就算還是敦化南路一段的門牌，以南屬於大安區，以北就已經是松山區了，行情自然也有一段落差。我猜測，經紀人是透過選擇性揭露的小伎倆，影響賣方出價意願的企圖。

如果你是王亞因，在四方夾殺的情況下，看見經紀人丟出這張行情表時，能不心慌嗎？能不懷疑自己嗎？

低買高賣重現江湖！

仲介與投機客聯手坑殺　交易天平又傾斜了

「低買」如果沒有搭配「高賣」，這個買賣裡仲介經紀人的議價動作多是合乎常理的，要知道，自從不動產經紀業管理條例正式施行之後，已經嚴格禁止不動產經紀人賺差價了，因此現在用「三角簽」等手法賺差價的情況都少見了。相關規定寫在第十九條，條文是「經紀業或經紀人員不得收取差價或其他報酬，其經營仲介業務者，並應依實際成交價金或租金按中央主管機關規定之報酬標準計收。違反前項規定者，其已收取之差價或其他報酬，應於加計利息後加倍返還支付人。」，如果違法規定，除了加計利息加倍返還支付人外，還要接受六個月以上，三年以下之停止執行業務處分。

然而，流行於仲介業還被謔稱是「牽鉤仔」時代的「低買高賣賺差價」行為，就消聲匿跡了嗎？沒有。當我從新聞同業口中聽聞到某個臉書粉絲頁登載了數百件疑似仲介經紀人低買高賣，從中賺取差價實例的時候，作為一位資深房地產新聞記者，真是既震驚又憤慨。

我從這個粉絲頁抓了幾則故事出來。

A.

高雄鼓山「北京藝術大街」一間十二樓房子，○○房屋先讓屋主以每坪十五點四萬賤賣。為什麼說是賤賣呢？因為就在同一時間、同一社區，○○房屋才幫一位十樓的屋主，以每坪十九點七萬將房子賣出。

一家公司在相同時間、相同社區賣屋，價差近百分之二十五，為什麼會有這種情況發生呢？公司內部不協調的嗎？公司沒有任何政策說明如何處理類似情況嗎？

還是公司根本就是蓄意欺騙屋主，讓屋主賤賣，因為唯有如此，才創造出獲利空間。果不其然，這間十二樓房子，隨後又以每坪十九萬售出，投資獲利近百分之二十五。

B.

桃園平鎮「城市CRV」一間十五樓房子，屋主就遭○○房屋以詐術欺瞞，答應以每坪十三點二萬售出房子。

事實上，○○房屋就在同一時間，才售出同社區一間十二樓房子，成交價每坪十七點八萬。○○房屋必定沒有在不動產說明書充分揭露此訊息，方才導致屋主答應賤價賣屋。

果不其然，這間十五樓房子，在不到一年時間，又再度轉售，成交價每坪十七點三萬。這不是詐術？什麼才是詐術？這不是透過操縱資訊、從中套利？什麼才是？

C.

台中太平「勝麗威登」一間十二樓房子，○○房屋就在半年左右，將價格從五百四十四萬炒高至六百六十萬，房價一舉飆漲超過百分之二十一。

一個正常的市場，也許會有半年追高百分之二十一的交易發生；但不會全面、持續地在全台各角落、各種類型房子身上發生。一家正規的公司，也許會有半年追高百分之二十一的交易發生；但不會全面、持續地在全台各分店發生。一位正常的消費者，在沒有詐騙的環境中，也許會做出半年追高百分之二十一的購買決定；但不會全面、持續在全台的消費者身上發生。

所以，我們說○○房屋是一家黑心公司，以詐騙方式破壞市場機制，讓全台各地、各種類型的消費者，持續做出錯誤決定。

房屋仲介公司的主要角色之一，是撮合買方與賣方交易，然後收取固定費率的服務費。房價高時，單件服務費高，但房屋交易少；房價低時，單價服務費低，但房屋交易多。因此房價高與低，對仲介業來說差異不會太大，他要賺的只是服務費，所以最重要的任務是縮短買賣方對價格的認知差距，促成交易。因此理論上，它會是一個可以站在公正立場提供服務的行業，我相信這是絕大部分仲介經紀人都認同，也樂於接受的定位。

然而不可否認的是，仲介業者與一般消費者相比，的確是擁有專業優勢與資訊優勢的一方，如果不能透過內控機制防杜與企業文化薰陶，去讓所有經紀人樂於扮演，也有榮譽感去扮演公正第三人角色，讓買賣方順利完成買賣交易，這個天平是很容易傾斜的。

天平一傾斜，整個產業就會進入仲介經紀人與投機客配合炒作，遍地狠賺黑心錢的時代。衡定房屋總經理房孝如在他的著作裡寫了這句話：「房仲與投機客已聯手發展出一個層次分明、結構嚴謹的生態體系，消費者根本難以個別力量從此生態系統中逃脫。」（註二）我個人的感想，則是天平傾斜，這個行業的存在價值就是負值了。

對了，王亞因的故事還沒說完呢。

經歷房仲經紀人近乎四小時的疲勞轟炸之後，王亞因站在那個不知是何處的房子外頭，招了部計程車回家。

她完全無法忘記百萬經紀人聯手他的同事們宰殺她時的面孔，她越想越不對，越想越嘔，便傳訊息給他，她寫：「你們團隊的心理戰實在太厲害了，可我的心在淌血。」

回家後，她跟朋友抱怨內心的不平，朋友幫她查了查又算了算，發現經紀人們提到的那間同巷法拍屋，已經是三拍了，單價都還有七十一萬（未含屋頂增建），換句話說，她的房子單價賣得比三拍的房子還低。

她接受媒體採訪時說，「我是敦化南路的房子，他們竟出臥龍街的價錢！」。賣房子的錢，她做了些分配後，剩下的還得用來過下半輩子，但約都簽了，木已成舟，她原想小蝦米對抗不了大鯨魚，就認了，但無意間看到《多少錢才合理─百萬筆房屋交易的教訓》那本書，發現裡面描述的眾多情節和自己的相似，才覺得應該勇敢站出來發聲。

王亞因到現在都還氣憤難平，她在社群平台的討論區留言說，「（好不容易）在台北大安區能夠努力辛苦奮鬥到買一間房，那麼就一毛錢都不能損失，更何況損失慘重！」如今，她與一對兒女暫時在新北市租屋，賣房子錢雖然入帳了，但她還有晚年的日子要過啊！

這一切，都因為一件令她嘆恨的房地產交易。

履約保證

我的老天鵝，履約保證不保證！

Tips
1. 看清楚錢存在履保專戶，還是建經公司一般帳戶裡？
2. 刻個印章，簽個名就騙走上千萬

本章第一個故事裡還有一個角色，是負責辦理履約保證的國泰世華銀行。福利汽車董事長林茂樹買過也賣過數次房子，他深知再如何生財有道，也敵不過幾次因過度信任而產生的財產損失，因此都會向銀行申辦不動產買賣價金信託，即把買賣價金存入一般認知的履約保證帳戶。

雖然，信託專戶內之價金原則上須由買賣雙方共同指示才能撥付，但是林茂樹遇到的狀況，卻是詐騙集團都到地政事務所準備偷辦過戶了，才因為有行員機警通報，阻止了房子被偷走的悲劇發生。要是那位行員沒有通報呢？

所以，履約保證到底能不能真正保障買賣價金安全呢？賣個關子，我們先看下面這個更「大條」的案例。

二零一八年，當時還沒有停刊的壹週刊有則踢爆新聞很受矚目，標題是某家房屋仲介公司的履約保證遭批玩假的，原因是其為同業中唯一用非信託帳戶管理客戶履約保證金的業者。

建經公司以非信託帳戶混充履約保證帳戶

這則報導的重點內容如下：

二零一五年六月間上市公司勤益控股子公司勤德公司，委託某建經公司辦理一筆位在新竹縣湖口鄉總價超過五億元土地的履約保證事宜，過程中，該建經公司的合作代書竟然以繳交土地增值稅的理由，輕而易舉地讓該建經公司把履約保證帳戶裡的一億三千萬元撥到自己戶頭。

勤益控股在二零一六年十二月公告的重大訊息裡指出，由於某建經公司拒絕履行履約保證責任，勤德公司於持續向相關人員進行追討未果後提

註二：房孝如，「多少錢才合理」，P.224。

起訴訟，並依台灣新竹地方法院裁定，就某建經公司之資產予以假扣押。報導寫說，建經公司未加查證把關便撥款，使勤德蒙受新台幣一億三千萬元的損失。

〇〇房屋身為業界龍頭，但其孫公司某建經公司除把關鬆散，其履保帳戶更「獨步業界」，僅以公司自身帳戶充當履保帳戶，而非銀行信託帳戶，民眾將畢生積蓄存入該履保帳戶買房購地，非但缺少銀行把關，更形同把錢放進〇〇房屋私人口袋，嚴重違背履保制度的原始精神。

受訪的銀行經理解釋「信託帳戶」與「一般帳戶」的差異，「簡單來說信託在銀行的錢，除非符合當初議定用途，否則不能撥款，必須是專款專用；但一般帳戶就是客戶自己名下的財產，銀行當然無權干涉要怎麼用。」

違背履保制度原始精神的另個案例，也被寫在同一篇報導裡，重要內容如下：

一位馬姓民眾花了新台幣三千三百萬元，在台中市西屯區買了一塊土地，由某某建經公司擔任履約保證公司，但是賣方領走履保帳戶裡的一千萬元簽約款之後，買方才發現這位賣方持偽造身分證與土地權狀，騙過了建經公司與代書，冒名領走了簽約款。

事實上，只要上內政部戶政司網站，輸入該身分證字號就可輕易發現身分證字號與權狀上的地號都是假的，夠專業的代書甚至只要從權狀記載內容、紙質或地政事務所用印，即可察覺異狀，台中地院因此判決建經公司與代書都有重大過失，需賠償一千萬元。

你是不是流一身汗了，一家建經公司裡專業人員那麼多，想不到一個特約代書，甚至某某人偽造的身分證，就可以騙開金庫，輕鬆搬走一億三千萬元、或是搬走一千萬元。

建經公司把關鬆散　履約保證金輕鬆挪移

下面這個台灣高等法院的刑事判決案例，也夠讓人瞠目結舌了。

楊女向葉女購買桃園市一間十二樓房屋，約定由某某建經公司（與前兩個案例相同的建經公司）提供的某銀行帳戶作為買賣價金履約保證專戶，並由蘇姓代書協助買賣雙方簽立不動產買賣契約書。不久後，楊女就把現金九百九十萬元匯進這個帳戶。

蘇姓代書覬覦這筆錢，意圖為自己不法所有，偽造了五張空白的「價金履約保證動用專戶款項協議書」，填上款項，又偷刻了楊女與葉女的印章，向建經公司人員佯稱楊女和葉女都同意將前開專戶款項支付至他的事務所帳戶裡，復用傳真的方式，把五張協議書傳進建經公司。

結果建經公司人員不查，就依每張協議書上填具的款項，把錢匯進該代書的帳戶去了。

楊女買了房子之後出國一趟，回國之後才發現房子還沒有辦交屋，想找蘇姓代書，都聯繫不上，不得不打電話給建經公司，該公司才告訴她說履約專戶內都沒有錢，錢都被轉走了。

這個案例是不是也很扯？代書偷刻了印章，偽造了簽名，用一台影印機，就從建經公司騙走了買方存進去的款項。連續三個案例，表面上看來都是公司治理出了問題，但是壹週刊的調查報導，即揭開○○房屋子公司某某建經公司把錢存自己的公司帳戶的黑幕，「這樣等於把錢放在自己口袋裡，容易被動手腳不說，對民眾的保障也不夠。」

這些事鬧得沸沸揚揚，一場在立法院召開的記者會上，專家即指出現行制度的漏洞，在於「業者利用現行法規沒有強制規範的漏洞，擅自挪用購屋價金或物業權狀，買家付款卻拿不到產權，賣家把房子過戶了卻收不到賣屋款。」

不過媒體在後來追蹤事件發展的過程裡，發現金管會已經緊盯銀行辦理建經公司不動產買賣價金信託業務，準備將其列入金檢項目，而金管會擬訂的項目共三項，包括最讓詬病的建經公司「把錢放在自己口袋」這件事，項目內容是：「建經公司自益信託專戶與一般存款帳務分別清楚管理，以確保買方所繳價金匯入建經公司指定的賣方帳戶。」

但願履約保證真的可以「履約」又「保證」，別讓消費者丟了錢財甚至丟了房子。

履約保證功能尚待強化

其實，履約保證係因應不動產交易糾紛過多而產生的一套制度，以往，你如果買一間房子，付了部分款項了，結果屋主的債權人在買賣交易完成之前就查封了不動產，導致你無法取得產權，因此一一九八五年時才有仲介業者引進Escrow（第三方託管）制度，成立專戶，專款專用，成為國內成屋履約保證制度的濫觴，建築經理公司這個角色也應運而生。

履約保證是一種保障不動產買賣安全，讓交易雙方都得到保障，居間服務的仲介公司也可以順利賺得應得佣金收入的好機制，它的原始精神是美國的Escrow託管機制，由建築經理公司擔任Escrow制度裡的中間人角色，在銀行設立專戶，買賣價金存入帳戶，並負責保管，交易完成以後，才會把帳戶裡的價金移轉給房屋出賣人。

由於原始制度設計可以創造多贏局面，台灣各大連鎖房屋仲介公司陸續都推出成屋履約保證制度，結合房仲公司、建經公司與銀行，透過建經公司在銀行開設的專戶，推動成屋履約保證。不過和真正的Escrow制度相比，台灣的履約保證是不動產買賣價金信託，因此建經公司的責任是保管消費者存入專戶裡的價金，確保其安全，但是保障並不包含產權瑕疵。

Chapter 03 仲介，是好人，還是惡人

Tips

1. 交個仲介經紀人朋友，勝過沒有
2. 掮客與牽鉤仔時代，買賣如入侏儸紀公園
3. 美日取經，仲介業制度與形象躍進
4. 立法自律，交易安全仍有最後一哩路要走
5. 慎選仲介品牌，別被黑心仲介坑了

台灣大多數的房地產交易，是透過仲介公司居間撮合的，你可以喜歡他們，也可以不喜歡他們，不過，我還是比較同意一個說法，有一個仲介經紀人當朋友，一定勝過沒有一位經紀人朋友。

根據中華民國不動產仲介經紀商業同業公會全聯會統計，全台灣目前加入公會的房屋仲介公司，共有六千零四十二家（二零二零年九月底統計），雖然這個數字不是房仲業發展歷史上最多的，至少也是

二零一五年以來最高的數字。

一個小小的台灣，就開了這麼多家房屋仲介公司，二零一五年，現任東吳大學法商學院講座教授張盛和在擔任財政部長的時候，還說過「房仲家數確實太多，密度不該跟7-11一樣高」的話。當然，台灣的便利商店數目已經超過一萬家，與房屋仲介公司的店面家數還是有一小段差距，但是這個數字還真不少。

仲介業侏羅紀——亂象橫生，騙徒滿地的洪荒時代

如果我們搭著時光飛車，返回到一九六零、七零年代的台北市或台中市街頭，你是找不到任何一家這種型態的店頭的。雖然一九六九年時，華美建設就已經首創以預售方式，銷售台北市仁愛圓環附近的華美聯合大廈，一九七一年，第一家以代銷型態銷售預售屋的台北房屋也成立了，但是第一家銷售中古屋的企業化經營公司，還要幾年之後才會出現。

從前買賣房子都由土地代書辦理土地與建物移轉登記、稅務申報等業務，代書自己也扮演現在仲介經紀人的角色，在買賣雙方之間擔

任中間人。但是中間人的角色還有兩種人適合扮演，一個是里鄰長，另一個是柑仔店（雜貨店）的老闆，他們是地方訊息中心，誰要買房子，誰要賣房子，走一趟里鄰長家或去買瓶醬油就知道了。

這些居間促成房屋交易，收收紅包的角色隨著交易多了，有一點市場規模了，被稱做掮客，又或是牽鉤仔。

一九八零年前後，由於國內外景氣低迷，華美建設及台北房屋都發生財務危機，房市不時可以看見打八折甚至打五折出售的建案，不少建商內部都設立餘屋處理部門，幾年後一家叫做勵行建設的業者，開始以企業化型態，銷售餘屋與中古屋，算來，這家「建設公司」應該是台灣第一家仲介公司。勵行建設成立不久，巨東建設也成立了，巨東建設的發展很快，四、五十歲以上的台灣人，應該都還印象深刻。

巨東建設的出現，也代表仲介業進入「零星戶」時代，他們會利用報紙分類廣告，銷售中古屋或建設公司的餘屋，不過企業化經營，不代表正派經營。由於房地產交易金額龐大，為了搶這塊餅吃，各種明爭暗奪的手段開始出現，由於沒有法令可管，沒有公會可以約束，惡性競爭、哄抬價格、隱藏交易資訊、製造差價，以及一屋多賣、虛灌坪數、欺瞞屋齡、回頭殺、暗賣等亂象充斥。

我聽資深仲介說過，這些樓面式經營的仲介公司裡龍蛇混雜，說不定還有幫派色彩，街頭上為了搶生意而大打出手不說，更令人聽了要冒冷汗的，是屋主不肯降價，買主不肯加價，就「邀」到公司裡談，談不攏，一個鼓鼓的牛皮紙袋就被放上了桌子，裡頭擺的是一把槍，明擺著恫嚇屋主或地主，不願意就範的話，就請你「吃土豆」。

這是台灣仲介業的洪荒時期，房子被騙走、被搶走，也不奇怪，但願這是房仲業最後一個侏羅紀世界，可是回頭看看書上的故事，這麼多低買高賣的故事不是還繼續發生著？面對這些「現代牽鉤仔」，你只能睜大眼睛，別讓自己落進圈套裡，成為下一個被傳述的不幸案例。

新式仲介時代——引進日本經驗　提升仲介業形象

仲介業的亂象，連房地產業自己人都看不下去。太平洋建設一九八五年與日本三井不動產合作，成立台灣第一家合法房屋仲介公司——太平洋房屋。

太設老臣回憶說，老董事長章民強因為對當時台灣仲介業者賺差價等等令人搖頭的舉動深感厭惡，才派了兩個兒子到日本取經，而早在此之前，他已經委託住商不動產企研室研究房仲品牌連鎖經營模式。至於會選擇與三井不動產合作的原因，主要是當時他們也正和日本崇光株氏會社洽談共同籌設太平洋崇光百貨（SOGO）事宜，而且章民強覺得，和美國相比，日本的制度與系統比較容易與台灣融合。

太平洋房屋的出現，的確讓人對台灣房仲業刮目相看，他們幾乎全盤把三井不動產的經營理念、規章、制度都帶進台灣，當時的口號是「促進市場流通、保障交易安全，以及公平、公正、公開交易」，他們的店面一反巨東建設等業者的策略，不設在二樓以上，而都選在一樓的三角窗位置，讓人一新耳目。而且利用從日本引進的系統，透過電腦撮合交易，經紀人一律須是大專院校畢業且沒有相關經驗。

太平洋房屋出現之後，另外兩個大企業——中國信託與力霸集團也各自成立了中信房屋與後來更名為東森房屋的力霸房屋，但是經過一番競爭與淘汰，發展最好的兩個房屋仲介品牌卻是沒有大企業集團背景的永慶房屋與信義房屋，而太平洋房屋雖然仍是知名品牌，但是歷經母集團——太平洋建設營運風暴，以及內部路線之爭後，錯失不少先機。

太平洋建設籌設太平洋房屋的同時，永慶房屋董事長孫慶餘卸下中華工程駐沙烏地阿拉伯工程師身分後，也有感於市場上充斥著賺取差價與虛灌坪數作法，造成許多買賣糾紛，因此與朋友一同創立大台北不動產仲介聯盟，從日本及美國引進新式仲介連鎖經營模式。他在多場推廣說明會上，鼓吹不賺差價、透明化經營、不收紅包、只收服務費等理念，當時的信義房屋創辦人周俊吉還只是信義代書負責人，聽過說明會後，成為第一位加盟主。

一九八八年孫慶餘創立永慶房屋，他把房仲公司做了個新的定義，「不買房子，不賣房子」，意思是仲介經紀人只能收固定比例的服務費，不能自己跳下來買房子，拱高價錢後再賣掉，從中賺取差價或利潤。

孫慶餘把這個理念落實得非常徹底，公司明文規範員工及其二等親內，買房子或賣房子都必須通報，而且買了房子之後，兩年內不可以轉售，如果是主管，不得轉售的年限還要增加至三年內。此外，該公司還有一個投機客資料庫系統，目前的列管名單有七千多人，經紀人想經營的客戶如果在這七千多個名單內，公司系統就會自動拒絕委買與委賣的所有動作。

信義房屋是目前台灣唯一的股票上市房屋仲介公司，創辦人周俊吉在一九八一年成立信義代書事務所，本來想加盟太平洋房屋，後來先加盟大台北不動產仲介聯盟，並在一九八七年將信義代書改名為信義房屋。

信義房屋在台灣房仲業有不少創舉，包括首先推出不動產說明書、漏水保固、蟲蛀保障與成屋履約保證等。

這三個分別在仲介史及規模上有一定地位或優勢的品牌，讓台灣房仲產業擺脫傳統仲介經營型態的沈痾，把仲介業帶入新世紀，然而，雖然詐騙或暴力事件少了一些，消費者的保障也多了，但是距離買賣房子不用害怕受騙的時代，此時還有數步之遙，因為制度人人會建立，要形成好的文化，上下踐行，不是只有喊喊口號就可以的，畢竟房屋買賣金額何其龐大，要如何防止員工見利忘義，思益背信，領導人能不能堅持立場，以身作則，才是最重要的。

法制化時代—立法約束素質進化

房屋仲介業從洪荒時代進入新式仲介時代，靠的是自國外引進的制度、管理，以及企業集團投注的資金，但是這些東西都齊備了，房屋仲介業想要擺脫「連拐帶騙」賺價差、賺佣金的壞形象，法制化就非常重要了。

我要講的，就是不動產經紀業管理條例立法這件事。不動產經紀業管理條例約在一九九三年左右起草，一九九八年一月完成一讀，該年底完成三讀，並於隔年公布實施。

這個不動產交易輔助行業中第一個完成立法程序的專門職業法案，立法特點包括：

◎經紀業為許可行業包括不動產仲介業及不動產代銷業
◎提供服務應遵守誠信原則
◎設置營業保證基金保障消費者權益
◎經營經紀業需為公司或商號組織型態
◎外國人得於我國從事不動產經紀業務
◎防止犯罪條款之納入
◎建立「業必歸會」之制度
◎明定「不動產說明書」使用之必要
◎建立經紀人員證照制度並定期換證
◎建立獎懲制度並設置獎懲委員會

至於條文的重要內容，包括經紀業辦妥公司登記或商業登記後必須依中央主管機關規定繳存營業保證金、必須通過不動產經紀人考試，並向中央主管機關指定之機構、團體登錄及領有不動產經紀營業員證明者，始得充任不動產經紀營業員、經紀業或經紀人員不得收取差價或其他報酬。

不動產經紀業管理條例的通過，當時的媒體評論，曾給予「對國內房地產市場交易正常化及安全化，將具有劃時代的重大影響」的評價。

現任中華不動產仲裁協會副理事長的張元旭，一九九五年至二零零五年間擔任內政部地政司司長，任內完成包括不動產經紀業管理條例等不動產三法立法，他回憶說，立法時雜音很多，反對聲音很大，還有業者反彈，說「幹嘛要立個法來砸自己的腳」？不過幸好幾位房仲業的重要領導人，包括王應傑、孫慶餘等人都站出來，負責與意見不同的同業溝通，最後才取得共識。

有了不動產經紀業管理條例的規範，仲介經紀人要經過國家考試，經營仲介公司要繳營業保證金，從此之後，仲介經紀人及仲介公司的形象，有了不同的面貌，畢竟，你必須通過不動產經紀或不動產營業員考試才能夠充任，讓仲介從業人員的素質大幅提升。

不過素質提升，也可能代表可以執行的騙術更高端，君不見，許多詐騙集團裡，多的是擁有法律背景與財經背景的高級知識份子？因此，我們樂見房仲經紀人的素質提高，但是仲介品牌能不能用企業文化與內部管理防微杜漸，不要讓利益薰心的經紀人甚至領導人自己與投機客勾串，成為房地產投資炒作的火種，才是最重要的事。

最後這一哩路，台灣房仲業還得下很大的決心，才能共同走完。

慎選仲介公司─直營加盟大不同　黑白良莠請精挑

台灣房仲業有眾多品牌，據點涵括全台灣的，包括中信房屋、台灣房屋、東森房屋、太平

直營與加盟仲介業者比較

直營	加盟
交易安全受損，總部負責任	多有約定排除總部責任條款，加盟總部不負責
人員素質較整齊	人員素質落差較大
買方資源多／團隊銷售	單店委賣，單店銷售
服務費：賣方4%／買方1%	服務費：賣方4%／買方2%

資料來源：作者整理

洋房屋、21世紀不動產、全國不動產，以及永慶房產集團的永慶房屋、永慶不動產、台慶不動產、有巢氏房屋，與信義企業集團的信義房屋、住商不動產、大家房屋等。

該怎麼挑選呢？好學校一定都是好學生，不好的學校一定都是不好的學生嗎？

這麼多仲介公司品牌，可以切分成兩大類，一種是直營店，一種是加盟店，我們先從這兩種經營型態來看。

直營店與加盟店有什麼不一樣？

直營店，顧名思義，是由企業直接派店長經營的店面，從人員招募、教育訓練、薪獎制度，到行銷活動規劃等等，都由總部的資源挹注，有交易糾紛或不滿要申訴，也都會由總部客服和法務人員負責幫你處理。直營體系下，分店與分店有聯賣制度，串連資源，如果品牌有一百家直營店，你的一份委售契約，就會有一百個據點聯賣。

從這張比較表，大致可以看清楚直營店與加盟店不一樣的地方，不過這張表並未必百分之百貼合實況，重視形象，把加盟店當成自己生命經營，進而重視人員素質與培養的也不少。

但是不能否認的，許多加盟總部對全台灣各地加盟的控制力是有限的，加盟店繳了月費，穿上制服，享用店務管理及物件管理等數位系統後，與總部間的關係，大概也就只剩店東大會、績效表大會一類的集會上打打招呼而已了。目前，除了永慶房產集團旗下的加盟體系之外，很多加盟總部不會知道他的加盟店用了什麼樣的人，成交了什麼物件？我的朋友就告訴過我，他遇到一位加盟品牌的經紀人，名片一掏，可以像撲克牌一樣展開，從A品牌到G品牌的名片都有，真令人瞠目結舌。

選對經紀人，幫你買好房，選錯經紀人，一定帶你買「套」房，在無從由長相、談吐、衣著分辨經紀人好壞的限制條件之下，選直營體系，或選口碑好的加盟店，才能幫你買到好房子，或是找到好買方。

Chapter 04

後記

搬進位在台地東南緣的新居之後，我總是喜歡在萬物甦醒之前的清晨五點鐘起床，然後坐在長窗前的高腳椅上，輕輕喚醒小米音箱，聽著小提琴奏鳴曲，等待黎明。

從台地這一側眺望，天氣好的時候可以俯瞰四分之一座大台北盆地，盆地四周的觀音山系、大屯山系、七星山系、五指山系與南港山系也都一一映入眼簾。我最喜歡雲多卻無雨的日子初臨那一刻，太陽已經從五指山與南港山那裡升起，卻還在雲裡玩著捉迷藏，偶爾它金黃色的光芒會從雲隙穿透下來，如舞台的頂光一樣，投射在台北東區某個幾公里方圓的地方，美得像一幅圖畫聖經上的畫。

我從繁華的東門，遁入台北盆地西緣的台地上，內心有過一番掙扎。從舊居到上班的地方，我可以選擇搭乘捷運、公車，也可以騎Ubike，甚至步行，方便得不得了，但是我必須付出的代價，是只能住在老公寓的三樓，水管是舊的，衛浴是六十年代的款式，加上因為公寓地板隔音不好，我的樓上鄰居是我的夢魘，許久之後我才知道喜歡熬夜的自己也是樓下鄰居的夢魘。

當年賣掉桃園的房子，搬回台北市區，完全是為了讓要上國中的孩子擁有選擇首善之區教育資源的機會，幸虧因為少子化的關係，她們都順利進了明星國中就讀，然後也都先後念了大安區的高中。五年內，兩個孩子都考上了台北以外地區的國立大學，搬離家了。

此刻，我已經不需為了顧慮孩子的教育，而屈就在四、五十屋齡的老房子裡，我喜歡搬家，一如我喜歡旅行，在不同的國家與城市之間移動，從來是我最耽溺也難忘的體驗。我不喜歡在同一個地方住上太久，因此買房子對我來說，並不是找遮風蔽雨居處的唯一選項，雖然我在二十九歲那年結婚，隔年就籌了一百多萬自備款，買了一間預售屋，然後又換了兩次房子，但是每一間房子我最多不會住上六年，就想搬家了。

我在媒體圈待了將近三十年，其中光是擔任房地產記者，前前後後加起來就有十五、六年之久，買了三次房子，換屋時一次都沒有大賺，幸好我買房子從來不問漲跌，就算後來想起來難堪，倒也不難過。

你不是「資深」房地產記者，為什麼買房子都不會賺大錢？其實，像我這樣年紀的人開始有能力賺錢的時候，房地產市場已經過了起漲點幾年了，要不是有位富爸爸或富媽媽，是來不及參與那場全民瘋狂的炒房接力賽的，而等我們備好了糧，房市又已經走回空頭格局了，因此有很長一段時間，我們這批同齡的地產記者就算成天浸淫其間，也很難相信投資房地產是可以賺很多錢的選擇。

但是二零零三年SARS疫情過後，房地產像火箭登月一樣一飛沖天，很多嗅覺靈敏的人，包括比我年輕許多的同業探知了消息，沾親帶故，軟硬兼施，也要想法子用很低的價格，買到位在明日之星一樣區塊的房子，多年後，他們都嘗到了房價飛漲的甜頭。

這些消息傳進耳中的時候，我終於有了一些難過的感覺。難過的不是沒有跟對列車，選對選秀樂透區的LaBron James和Kevin

Durant，而是做為一位新聞人，我們掌握了資訊優勢，不能既想當裁判，又想當球員，既要評述房市，又想要袒護房市，一味做多。同時擁有兩個身份的時候，你的報導心態和角度還會公允嗎？

我在壹週刊工作了十二年，先是旅遊記者，後來又是財經人物線的記者。壹週刊的報導或許有其爭議與可受公評之處，但是對一個處在政治置入與商業置入嚴重的新聞環境，第四權被擱置、被棄守、被買通、被扭曲之下的新聞從業人員來說，壹週刊的「『真實』是最大的力量，『誠實』是最佳的策略」的信念，卻是逐漸被孤立的正義力量最大救贖。

我們不會寫造假的新聞，不是因為擔心被老闆在「鋤書會」上檢討，而是過不了良心這一關，而你也知道你的長官，你的老闆比你更看重你的良心。

我對良心這兩個字有難以動搖的信念，那是傳承自我過世十年父親的人生信條。我在雜誌寫過這些：

「幾天前無意間看到某知名牧師的證道影片，這位牧師在述說『日內瓦印記』由來的時候提到了散布在瑞士侏羅山區一些家族的故事。

這些幾代都以製造瑞士錶不可或缺零件為業的家族成員二、三百年幾乎不曾踏出村子一步，他們以把螺絲做得跟頭髮一樣細緻的成就來榮耀上帝與自己。若不是因為他們，怎麼會有Rolex、Omega或Jaeger-LeCoultre的傳奇？

我的床頭經常擺著二零零六年諾貝爾文學獎得主奧罕帕慕克的輝煌巨著《我的名字叫紅》（土耳其語：Benim Adım Kırmızı），透過它，我第一次窺探了細密畫家的精微世界。

細密畫是伊斯蘭世界最瑰麗而神奇的文化遺產，這些出現在陶器、金工器物、紡織品和書籍插圖上的作品細膩到讓人無法想像，為了成為偉大的細密畫家，從學徒到老畫家無不分分秒秒屏息凝神，耐心描繪細草、雲絮、馬鬃等繁瑣細節，就算雙眼失明他們也無怨無悔。

兩個故事裡，你也許看到或聽到了準確與講究，然而我感測的卻是良心二字，若非良心，這世界怎會被造就出那麼多無與倫比的美麗？」

那些欺騙房地產買方與賣方的黑心仲介經紀人與投機客，並不在乎良心，只在乎那些為了買一間房子而省吃儉用許久的辛苦人的錢，三轉五轉之後是不是匯進了自己的帳戶？

一個壞人只能做小惡的事，他到了一個放任他的團體，在更大的資源與更多小奸小惡之徒互相掩護下，就能幹上大惡之事。我必須不客氣地指出，讓他們成為大惡之徒的，是放任投機客與黑心仲介經紀人勾串謀利的房屋仲介體系領導人，以及阻擋在類似「實價登錄2.0」立法等建構交易安全買賣屋環境路上的民意代表與利益團體，他們是惡的淵藪，但願他們都有機會、閒空與涵養，去讀一遍《我的名字叫紅》。

截稿的時候，剛剛還在長窗外的月亮與火星，已經爬上了中天。我俯瞰著午夜時分腳下稀稀疏疏的小城燈火，放任自己嘗了幾口寫作時一定要放在電腦邊的可口可樂，品味孩子不在身邊後難得的幸福滋味。這時默頌起的，不知怎地，卻還是杜甫的《茅屋為秋風所破歌》裏那幾句：

安得廣廈千萬間，大庇天下寒士俱歡顏，風雨不動安如山！

好一個「安如山」哪！那是一個人人嚮往卻非人人能及的人生境界，個人若不能成為得廣廈一間的那山，政府就要是那座山，把不動產交易環境導正，讓人民信任，讓騙徒收手。

台灣廣廈國際出版集團
Taiwan Mansion International Group

國家圖書館出版品預行編目（CIP）資料

是誰偷走你的房子？/ 楊欽亮著； -- 初版. -- 新北市：財經傳訊,
2020.11
面；　公分. --（sense ; 58）
ISBN 9789869951814

554.89　　109014390

財經傳訊
TIME & MONEY

是誰偷走你的房子？

：一次看懂房地產交易陷阱

作　　者／楊欽亮
編輯中心／第五編輯室
編 輯 長／方宗廉
封面設計／16 設計有限公司
製版・印刷・裝訂／東豪・靖合・秉成

行企研發中心總監／陳冠蒨
媒體公關組／陳柔彣
整合行銷組／陳宜鈴
綜合業務組／何欣穎

發 行 人／江媛珍
法律顧問／第一國際法律事務所 余淑杏律師・北辰著作權事務所 蕭雄淋律師
出　　版／台灣廣廈有聲圖書有限公司
地址：新北市235 中和區中山路二段359 巷7 號2 樓
電話：（886）2-2225-5777・傳真：（886）2-2225-8052

代理印務・全球總經銷／知遠文化事業有限公司
地址：新北市222 深坑區北深路三段155 巷25 號5 樓
電話：（886）2-2664-8800・傳真：（886）2-2664-8801
郵政劃撥／劃撥帳號：18836722
劃撥戶名：知遠文化事業有限公司（※ 單次購書金額未達1000元，請另付70元郵資。）

■出版日期：2020年11月
ISBN：9789869951814